JN109565

ネイティブ同士で使ってる

発展 英会話フレーズ101

ジュン・セニサック 著
Jun Senesac

オリハラケイコ イラスト

Hello!

これまで15年以上日本人に英語を教えてきて分かったことがあります。初心者から上級者まで、多くの英語学習者にとって、ネイティブ同士の会話を理解することには、壁があるということです。ネイティブ、特にアメリカ人は教科書通りの英語ではなく砕けた口語表現を好みます。そのため、日常会話や映画、テレビ番組の英語を理解するのが難しいのです。英会話の講師やネイティブの同僚との1対1の会話はある程度理解できるのに、ネイティブ同士の会話になると急に何を言っているのかさっぱり分からなくなってしまう。そんな悩みの一因はそこにあります。

本書の目的は、アメリカ人の日常会話で頻繁に使用される口語表現を、分かりやすく日本人英語学習者に伝えることです。日米バイリンガルハーフとしてロサンゼルスで生まれ育った私のバックグラウンドを活かし、101の口語フレーズ（発展英会話フレーズ）をまとめました。本書で紹介するフレーズは年齢や世代関係なく、誰でも使える使用頻度が高い口語表現ばかりです。

また、単に表現の意味を覚えるのではなく、各フレーズが実際の会話でどのように使われるかをしっかりと理解できるよう、実践的な例文とイラストを用いているので、感覚的に学んでいくことができます。ネイティブのように英語を話す必要はありませんが、会話についていったり、アメリカの映画やテレビ番組が分かるようになったりするには、やはりネイティブが日常会話で使う口語表現を理解することが重要なのです。

英語は世界の扉を開けることのできる鍵であり、本書が皆さんにとって言語だけでなく、新しい視点や文化、つながりを発見する糸口になることを願っています。Take it easy and have fun!

C O N T E N T S

ネイティブ同士で使ってる　発展英会話フレーズ101　目次

Chapter 1

言えそうで言えない表現23

Chapter 2

丸ごと覚えたい便利フレーズ17

Chapter 3

イメージで覚えたい表現40

Chapter 4

上級レベルの慣用句21

Exercises

本書の構成と学習法

STEP
1 コアイメージでインプット！

「発展英会話フレーズ」には、直訳では理解しづらいものが数多くあります。例文、Jun先生によるKey Pointの解説とイラストによるコアイメージを参考に、フレーズのニュアンスや使い方をつかみましょう。

1 見出し語（音声あり）

Jun先生が厳選したイディオム、慣用句などの「発展英会話フレーズ」です。

2 例文（音声あり）

見出し語を使った例文を2つ掲載していて、赤字部分は付属の赤シートで隠すことができます。例文左上の track 001 はダウンロード音声のトラック番号を、英→日 は音声を使ったトレーニング方法を示しています。

001

drive ~ crazy

track 001 英 日

□□□ 1 What's that noise? It's driving me crazy!

□□□ 2 He always beats around the bush. It really drives me crazy.

Key Point

直訳すると「頭をおかしくさせる」や「気を狂わせる」ですが、日常会話ではシンプルに「イライラさせられる」ことを意味します。 誰かの失礼な行為や軽率な振る舞い、火災報知器や車のアラームの音、満員電車や渋滞など、不愉快に思う行為や出来事にイライラしたり、腹を立てたりすることを意味する口語表現です。その他、日常会話では annoy や irritate も「イライラさせる」の意味としてよく使われます。

3 Key Point

ネイティブが考えるそれぞれの表現のコアイメージを解説、イラストとセットで掲載しています。

本書では、ネイティブ同士の会話で頻繁に使われるが、日本人学習者にとって理解が難しい「発展英会話フレーズ」を101個掲載しています。
解説や音声を活用しながら、定着を目指しましょう！

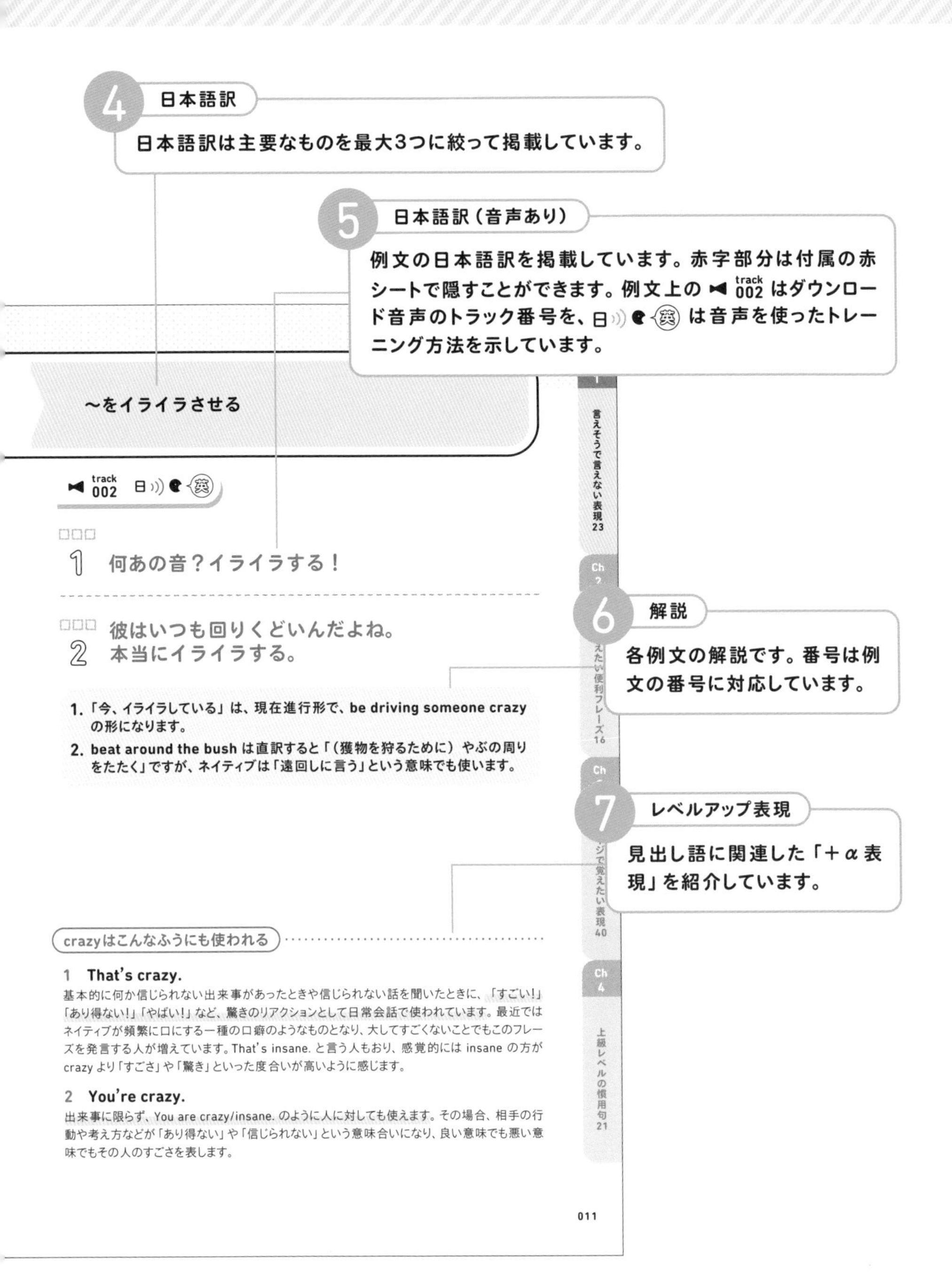

STEP 2 声出しトレーニングでアウトプット！

理解したものをしっかり使いこなせるようにするために、テキスト、音声をフル活用したトレーニングに取り組みましょう！　★は難易度を表しています。

① 英→日変換トレーニング ★☆☆

Chapter 1～4ページの日本語訳を赤シートで隠しながら、
英文の日本語訳を答える。

② 日→英 変換トレーニング ★★☆

Chapter 1～4ページの英文を赤シートで隠して、日本語訳から英文を答える。

③ 英→日変換トレーニング ★★☆ 英→日

Chapter 1～4ページの英文の音声を聞きながら、日本語訳を答える。

④ 日→英変換トレーニング ★★★ 日→英

Chapter 1～4ページの日本語の音声を聞きながら、英文を答える。

STEP 3 穴埋め問題で最終チェック！

Chapter 1 ～4の各章の終わりには、Exercise として本文に登場した英文を使った穴埋め問題を掲載しています。日本語訳に合わせて、空欄に適切な英語を入れて英文を完成させましょう。

ダウンロード音声について

本書の全ての音声はダウンロードでお聞きいただけます。

パソコン
でダウンロードする場合

下記の「アルク ダウンロードセンター」にアクセスの上、画面の指示に従って音声ファイルをダウンロードしてください。

https://portal-dlc.alc.co.jp/

スマートフォン
からダウンロードする場合

カバーに掲載のQRコードから学習用アプリ「booco」をインストールの上、ホーム画面下「さがす」の検索窓に、本書の商品コード7024003を入れて検索。

Chapter 1

言えそうで言えない表現23

23 Tricky Phrases

001

drive ~ crazy

track 001 英 日

□□□ 1 What's that noise? It's driving me crazy!

□□□ 2 He always beats around the bush. It really drives me crazy.

直訳すると「頭をおかしくさせる」や「気を狂わせる」ですが、日常会話ではシンプルに「イライラさせられる」ことを意味します。 誰かの失礼な行為や軽率な振る舞い、火災報知器や車のアラームの音、満員電車や渋滞など、不愉快に思う行為や出来事にイライラしたり、腹を立てたりすることを意味する口語表現です。その他、日常会話では annoy や irritate も「イライラさせる」の意味としてよく使われます。

～をイライラさせる

track 002 日 英

□□□
1 何あの音？イライラする！

□□□
2 彼はいつも回りくどいんだよね。
本当にイライラする。

1. 「今、イライラしている」は、現在進行形で、be driving someone crazy の形になります。
2. beat around the bush は直訳すると「（獲物を狩るために）やぶの周りをたたく」ですが、ネイティブは「遠回しに言う」という意味でも使います。

crazyはこんなふうにも使われる

1 That's crazy.

基本的に何か信じられない出来事があったときや信じられない話を聞いたときに、「すごい！」「あり得ない！」「やばい！」など、驚きのリアクションとして日常会話で使われています。最近ではネイティブが頻繁に口にする一種の口癖のようなものとなり、大してすごくないことでもこのフレーズを発言する人が増えています。That's insane. と言う人もおり、感覚的には insane の方が crazy より「すごさ」や「驚き」といった度合いが高いように感じます。

2 You're crazy.

出来事に限らず、You are crazy/insane. のように人に対しても使えます。その場合、相手の行動や考え方などが「あり得ない」や「信じられない」という意味合いになり、良い意味でも悪い意味でもその人のすごさを表します。

002

get it

□□□
1

A: You can come over any time after 7.

B: I got it. I'll swing by around 8-ish.

□□□
2

A: Can you get ahold of Steve and tell him the meeting is cancelled tonight?

B: You got it! I'll email him right now.

get it は understand と同じ意味の、より口語的な言い方で、特に初めは理解できなかったことがようやく理解できたときに I get it.（なるほど、分かりました）と言います。理解できない場合は I don't get it. です。「分かる?」「理解できてる?」と尋ねる Do you get it? は、日常会話では Do を省いて Get it? となることもあります。

理解する、分かる

track 004　日 → 英

□□□

1

A: 7時以降だったら何時に来てもいいよ。

B: 了解。8時ごろ行くね。

□□□

2

A: スティーブに連絡して、今夜のミーティングがキャンセルになったことを知らせてくれる？

B: 了解です！　今メールします。

1. swing by は「立ち寄る」のカジュアルな言い方。「〜っぽい」という意味合いの接尾辞-ish を時間の数字につけると「〜時ごろ」という意味になります。
2. get ahold of ~（〜をつかまえる）は、「〜に連絡を取る」という意味でよく使われます。

got itの使い方

1　I got it.

I got it. は相手が言ったことが理解できたときの「分かった」を意味するフレーズです。I understand. と同じ意味ですが、I got it. の方が口語的＆カジュアルです。人によっては主語 I を省略して Got it. という人もいます。

2　You got it.

誰かからの依頼を承諾するときの「了解」のニュアンスです。例えば、レストランでお客に飲み物のお代わりを注文された店員さんは、You got it.（承知しました）のように返事をします。客と店員に限らず、友達同士や仕事仲間の間でも使えます。

003

give it some thought

track 005 英 日

□□□ 1 I'll give it some thought. I'll let you know by the end of the week.

□□□ 2 I can't give you an answer right now. Let me give it some thought.

判断や行動をする前にいろいろと考慮することを意味します。似た意味の I'll think about it. よりも、I'll give it some thought. の方が慎重な響きがあり、ビジネスの場では「検討します」の意味合いも持ちます。一般に、カジュアルな会話では I'll think about it.、大事な決断の前には I'll give it some thought. を使います。

考えてみる、検討する

track 006 日 英

□□□

1 考えておきます。今週中にお返事します。

□□□

2 即答できないので、少し考えさせてください。

1. by the end of the week は「週の終わりまでに」つまり「その週のうちに、今週中に」という意味。
2. can't give you an answer right now は直訳すると「すぐに答えを与えられない」、つまり「即答できない」という意味です。

「じっくり考える」を表す言い回し

1 sleep on ~

直訳すると「～の上に寝る」ですが、問題などを「一晩寝かせる」「一晩じっくり考えてみる」を意味します。その場で適切な判断や解決策が思い浮かばず、「今すぐではなく、落ち着いてよく考えたい」という意味合いで使われたり、さほど重要でない問題について「翌日以降に対応を延ばしたい」と間接的に伝える際に使われたりします。

2 second-guess

「あれこれ考え込む」を意味し、特に、いったん決めたことについて本当に自分が正しい決断を下したのか後で悩む様子を表します。I'm second-guessing my decision.（自分の決断に自信がなくなっています）、Stop second-guessing yourself.（くよくよ考えるのはやめなさい）といった具合に使われます。

3 put some thought into ~

良いアイデアが思いつかなかったり答えがすぐに分からなかったりしたときの「少し考えてみる」に相当する表現です。someの部分をmoreやa lot ofなどに置き換えて使うこともできます。

004

have good taste in ~

track 007 英 日

□□□
1 You have good taste in clothes.

□□□
2 I have to admit that at least he has good taste in films.

実は英語のsenseには日本語の「センス（美的感覚）」という意味はなく、「センスがいい」はtasteという単語を使って表現します。tasteは「味覚」を意味しますが、味の違いが分かることから転じて、「良いものを見分ける感覚」を意味します。have good tasteだけでも「趣味がいい、見る目がある」という意味ですが、in ~と続ければ何のセンスがいいのか言うことができます。

～のセンスが良い

track 008 日 英

□□□
1 あなたはファッションのセンスがありますね。

□□□
2 少なくとも彼に映画を見る目があることは確かだ。

1. 日本語では「センスがある・ない」という言い方ですが、英語はhave good / bad taste となることに注意しましょう。
2. I have to admit ~ で「～なのは認めざるを得ない」「～なのは確かだ」という意味です。

「センスがない」を表すには

1 have bad taste in ~

「センスが悪い」「悪趣味だ」というニュアンスで、本人は自分の好みに従って自信満々に選ぶけれど、他人から見るとちょっと…という状況を表します。My brother has bad sense in music.(弟は音楽のセンスが悪い)なら、兄から見て弟は音楽のセンスが良くないことを意味します。

2 have no taste

感覚自体がないので「良し悪しが分からない」という意味の「センスがない」です。My sister has no taste in music.(私の妹は音楽の良し悪しが分からない)のように、「あいつ、分かってないな」というときに使います。

005

How would you feel if ~ ?

□□□
1 How would you feel if you lost your job?

□□□
2 How would you feel if you were in her shoes?

Key Point

この表現は例え話や仮定の話をするときに使われます。**特に、人の立場になって考えるような状況で使われ、つらい状況にある人を冷たくあしらっている相手に対して、「自分がそういう立場だったらどう感じるか考えてみて」と諭すようなときに使います。**仮定法なので、if の後には過去形の動詞が使われます。

もし～だったらどう思いますか？

track 010 日 英

□□□
1 もしあなたが職を失ったとしたら、どういう気持ちになる？

□□□
2 もしあなたが彼女の立場だったらどう思いますか？

1. lost one's jobで「職を失う」という意味です。
2. in ~'s shoes で「～の立場で」という意味の表現。

仮定して尋ねる

1 What would you say if ~

「もし～だったら、あなたはどう言いますか」と、仮定の話をしながら、遠回しに相手の意見を聞きたいときに使われます。例えば、仕事をやめることを考えているときに両親や配偶者の意見を聞いてみたい場合は、What would you say if I told you I wanted to quit my job?（もし私が仕事をやめたいって言ったら、あなたはどう思いますか？）のように言います。

2 What would you do if ~

「もし～なら、あなたはどうしますか？」と、仮定の上での行動を尋ねる表現。「宝くじが当たったら」「宇宙人に出会ったら」といった夢物語をするときに使うこともあれば、What would you do if you were me?（あなたが私の立場だったらどうしますか？）と助言を求めるような場合にも使います。

006

I can't stand ~

track 011 英 日

1 I can't stand it anymore!

2 I can't stand crowded places.
I try to avoid them at all costs.

Key Point

不愉快な出来事や行為に「我慢できない」ことを表しますが、どちらかというと「～が大嫌い」の意味合いがより強く込められており、I don't like ~ に置き換えて使うこともできます。耐え続けてきた結果、何かに我慢できなくなるという場合にも、食べ物や場所が嫌いだったり、人の態度や振る舞いを嫌に思ったりする場合にも使えます。

①～に我慢できない
②～が(大)嫌い

track 012 日 英

□□□
1 もうこれ以上我慢できない!

□□□
2 混雑な場所が大っ嫌いで、極力避けるようにしています。

1. can't stand it anymore で「これ以上我慢できない」と、我慢の限界が来たことを表します。
2. at any cost は直訳すると「どんな代償を払っても」。「何が何でも、どんなことをしてでも」と、そのためにできる限りのことをすることを表します。

「我慢できない」の言い回し

1 I can't put up with ~

困難な状況やつらい出来事、誰かの失礼な態度や軽率な振る舞いなどに「耐えられない」「我慢できない」と言うときの代表的な表現。「言い訳をする人には我慢できない」ならI can't put up with people who make excuses. になります。

2 I can't take ~

ずっと我慢してきたことが耐えられなくなった、というニュアンスがあります。例えば、上階の住人が朝から晩までドンドン音を立て続けていたら、I can't take it anymore! I'm going to go upstairs and complain.（もう我慢できない! 上の階に文句を言いに行く）となります。また、トレーニングで限界まで追い込まれて「もう無理」と言う場合にもよく使われます。

3 This is the last straw.

イライラすることが積み重なり、ずっと我慢してきた状況で、「もう我慢の限界だ」「堪忍袋の緒が切れた」というときの表現。The last straw breaks the camel's back.（最後に乗せるのがわら1本でも［限度を超えると］ラクダの背骨が折れる）ということわざに由来します。last の代わりに final を使うこともあります。

007

I don't mind ~

track 013 英 日

□□□
1 I don't mind humid weather.

□□□
2 He doesn't mind talking in front of many people.

mind（〜を嫌だと思う）を否定するI don't mind ~は「〜は嫌じゃない」「〜は気にならない」「〜は構わない」といった意味になります。人によっては苦手意識があるかもしれない、人前でのスピーチや一人での外食、行列に並んで待つといったことに「抵抗を感じない」、不愉快と感じるかもしれない気候や状況が「別に気にならない」と伝えるときに使います。

①～は嫌いではない
②～でも構わない

track 014 日))) 英

□□□
1 私はじめじめした天気は嫌いではありません。

□□□
2 彼は人前で話すことに抵抗はありません。

1. humid は「湿気の多い、じめじめした」という意味。
2. 「人前で」は「たくさんの人の前で」と考えて、in front of many people と表現できます。

動詞のmindを使った表現

1 Would you mind ~?

Would mind ~ing? と続ければ、相手に「～するのは嫌でしょうか=～していただけないでしょうか」と丁寧に依頼する表現になります。また、Would you mind my ~ing? とすると「私が～するのは嫌でしょうか=～しても構いませんか」と許可を求める表現になります。

2 Do you think anyone would mind if ~?

何かをすることによって不快に思う人はいないだろうか、と疑問を投げかけるときに使われます。Do you think John would mind if ~(～したらジョンは嫌がるかな)のようにanyone の代わりに特定の人を入れることもできます。日常会話では、Do を省いて You think anyone would mind if ~? のように質問してもOKです。

008

I find ~

track 015 英 日

□□□
1 I find studying English fun.

□□□
2 I find it interesting that so many people are obsessed with *Demon Slayer*.

I think と I find は両方とも「〜と思う」を意味する表現ですが、I find はこれまでの経験に基づいて「〜と思う」や「〜と感じる」と表現する場合に使われます。 I find it interesting that ~（〜なのは興味深い）、I find it easy/difficult to ~（〜するのは簡単だ / 難しいと思う）などは日常会話でよく使われます。

～と思う

track 016 日 英

□□□
1　英語の勉強は楽しいと思う。

□□□
2　多くの人たちが『鬼滅の刃』に夢中になっていることが興味深いと思います。

1. find A B の形で「AはBだと思う」という意味です。
2. be obsessed with ~ で「～に夢中になる」。『鬼滅の刃』の英語タイトル *Demon Slayer* の slayer は「(怪物などを) 退治する人」を指します。

意見を言うときに使える表現①

1　in my eyes
自分の見解や感情を述べるときに使う表現で、「私にしてみれば」「私からすると」に相当します。次項の in my opinion をより口語的にした言い回しで、eyes (視点、見解) は opinion の比喩表現です。In my eyes, I have the cutest cat in the world. (私からすると、うちの猫が世界で一番かわいい) のように、文頭で使われます。

2　in my opinion
「私の意見では」を意味する表現です。関連して、in my view (私の見るところ)、in my experience (私の経験では) もよく使われる表現です。ネットやSNSでは、in my opinion を略して IMO と表記することがあり、さらに IMHO (in my humble opinion) という略語は「私のつたない意見では」とへりくだって意見を述べるときに使われます。

3　in my book
自分の信念に基づいた意見を述べる意味合いが含まれ、強い思いや意見を述べる状況で使われます。例えば、「私の意見では、お金より時間の方が大事です」と信条を述べる場合、In my book, time is more important than money. という具合に表します。一般的に、文頭か文末で使われます。

009

I'd say ~

track 017 英 日

□□□
1
A: How long is the drive from L.A. to Las Vegas?

B: It depends on the traffic, but I'd say four to five hours.

□□□
2
I'd say you'd be better off buying a new laptop than fixing the old one.

I would say ~ は自分の意見を述べたり何かを推定したりするときに使われ「～だと思う」や「恐らく～だろう」「～かな」などに相当する表現です。はっきりと言い切る感じではなく、物腰柔らかく控えめな印象があります。日常会話では I'd say ~ と省略して言うことが多く、I think ~ よりも控えめな響きがあります。

(恐らく)～だと思う

track 018 日 英

1
A：ロスからラスベガスまでは、車でどれくらいかかる？
B：混み具合にもよるけど、だいたい4時間から5時間くらいかな。

2
古いノートパソコンを直すより新しいのを買った方がいいと思います。

1. It depends on ~ で「～次第だ、～による」と物事が何かに左右されることを表します。
2. You'd be better off ~ing は「～した方が賢明です」「～した方がいいよ」と助言をする表現です。「ノートパソコン」は英語で laptop と言います。

意見を言うときに使える表現②

1　I feel like ~

日常会話で自分の思いや感じていることを伝えるときに、I think ~ と同じくらいの頻度でよく使われる表現が I feel like ~ でしょう。意味と使い方は I think と同じですが、よりカジュアルな響きがあります。ただし、I feel like ~ は「～したい気分」の意味もあり、状況に応じて判断する必要があります。

2　I assume ~

assume は「推測する」や「仮定する」を意味することから、はっきりした根拠はないが「～だと思う」と言いたいときに使われます。日常会話では、I'm assuming ~ のように表現することもあります。I suppose ~ も似たような意味合いを持ちますが、あまり確信はないものの発言する本人には何らかの根拠があるニュアンスが含まれます。

3　I bet ~

bet はお金を「賭ける」ことを意味します。転じて、「きっと～だ」や「～に違いない」のように、お金を賭けてもいいと思えるくらい確信度が高いことを表す場合にも使われます。確信度は I think ~ よりかなり高く、I have no doubt ~（～なのは疑いようがない、～は間違いない）よりも下です。

010

I’m not comfortable

track 019 英 日

1 I’m not comfortable with that idea.

2 I’m not comfortable posting pictures of myself on social media.

comfortable という語は、comfortable shoes（履き心地の良い靴）や comfortable sofa（座り心地の良いソファ）のような「物理的な快適さ」の他に、「心理的な心地よさ」の表現にもよく使われます。特に I’m not comfortable や I don’t feel comfortable のような否定形で、不安や抵抗を覚えたり、苦手だったりする気持ちを表します。

嫌に思う、不快に感じる

track 020 日 英

□□□

1 私はそのアイデアに納得していません。

□□□

2 私は自分の写真をSNSにアップすることに抵抗があります。

1. 何について快・不快を感じているのか言うときには、(not) comfortableの後にwith ~と続けます。
2. post は「~を（インターネット上に）投稿する、アップする」という意味。日本語ではSNSという略語が一般的ですが、英語ではsocial mediaと言います。

「好きじゃない」と伝える表現

1 ~ is not my thing

「向いていない、苦手だ」という意味合いで、悪いものだとは思わないが自分個人としては楽しめない、というニュアンスが含まれます。例えば、キャンプへの誘いをCamping is not my thing.（キャンプはあまり好きじゃないんだ）と言って断ることができます。

2 I'm not a big fan of ~

直訳で「~の大ファンではない」となるこの口語表現は、I hate ~ やI don't like ~ ほどストレートではなく、より間接的な感じで「~があまり好きではない」と言いたいときに使えます。fan（ファン）という言葉を使うのはスポーツ選手や有名人に限らず、I'm not a big fan of natto.（納豆はあまり好きじゃない）のように、食べ物や趣味など日常的な物事に対しても使われます。

011

I'm obsessed with ~

□□□

1 I'm obsessed with Netflix.

□□□

2 He's obsessed with playing PokémonGO.

Key Point

obsessed は「取りつかれた」という意味で、何かにすごくハマって四六時中そのことばかり考えている様子を表します。 with/over/about/by といった前置詞を続けることができますが、一般的には with が使われます。ハマり具合の大小を問わず使われる be obsessed with ~ ですが、どちらかと言うと、少したてば熱が冷めるような一時的な熱狂を指します。

～にすごくハマっている

track 022 日 英

□□□
1 私はNetflixにすごくハマっています。

□□□
2 彼はポケモンGOに夢中です。

1. with ~ の後に、ハマっているものを続けます。
2. 直訳すると「ポケモンGOをすることにハマっている」。be obsessed with の後に、このように動詞のing形を続けることもあります。

「ハマる」を表す言い回し

1 be hooked on ~

hooked は、もともと麻薬などに対する「中毒」を表す場合に使われていましたが、現在では「買い物中毒」や「コーヒー中毒」などを表現する場合にも使われます。hooked と on はセットで使われることが多いですが、I am/was hooked!（ハマってしまった）というふうに on を省いた使い方もOKです。

2 I'm really into ~

「～の中に入り込んで」という意味の前置詞 into を使ったこの表現は、日本語の「ハマった」という言い方とよく似ています。趣味などの、熱中しているものについて使います。

3 be wrapped up in ~

直訳すると「～にすっぽり包まれている」となるこの表現は、仕事に没頭して家族に目が向けられない、ゲームに夢中で時間を忘れる、といったように周りが見えなくなるほど一つのことに没頭している状態を表します。ちなみに、「自分のことしか考えていない」ことを be wrapped up in oneself と表現します。

012

I'm dying

track 023 英 日

1 That movie was hilarious! I was dying the whole time!

2 I'm dying for miso soup and rice.

Key Point

「死ぬ」と言う意味の動詞dieですが、日常会話では、be dying の形で、何かが死ぬほどおかしくて大爆笑することを表します。ただし、友達同士で使うカジュアルな話し言葉なので、フォーマルな場では避けた方がいいでしょう。また、**be dying to に動詞を続けて「～がしたくてたまらない」、be dying for の後に名詞を続けて「～が欲しくてたまらない」という意味になります。**

①死ぬほどおかしい
②～がしたくてたまらない (to~)
③～が欲しくてたまらない (for~)

track 024 日 英

□□□
1 あの映画は本当に面白かった!
ずっと大爆笑してたよ!

□□□
2 お味噌汁とご飯が食べたくてたまらない。

1. hilarious は「大笑いするような、とても面白い」という形容詞。
2. 「味噌汁」は、日本語そのままの miso と英語の soup を組み合わせて miso soup と呼ばれます。

意図してする・意図せずなる

1 happen to ~

「偶然～する」「たまたま～する・である」と言いたいときに使われます。happen の前に just や so をつけて強調することもあります。It just so happens/happened that ~ は「偶然にも～だ / だった」という意味でよく使われる表現です。

2 willing to ~

何かをする意思があることを意味しますが、文脈によって、「進んで～する」のように意欲的な場合と、人に頼まれたり勧められたりしたので「気が進まないが～する」と言う場合があります。例えば、ウニが苦手でも、友達に The sea urchin here is the best in Japan. You should try it.（ここのウニは日本一だよ。食べてみな）と勧められたとき、I'm not a fan of sea urchin, but I'm willing to give it a try.（ウニは苦手だけど、試してみてもいいよ）という具合に返答します。

013

It would be nice to ~

track 025 英 日

□□□ 1 It would be nice to have a big car like this.

□□□ 2 It would be nice to take a year off from work and travel around the world.

夢や願望を表す「〜だったらいいな」「〜できたらいいな」を意味する表現です。
文脈によっては「〜できるといいね=〜しない?」という間接的な提案として使われることもあります。また、It would be nice if you could ~ とすると「〜していただけるとありがたいのですが」と丁寧に依頼する表現になります。nice を great に代えることもできます。

①〜だといいな
②〜できたらいいな

track 026 日 → 英

□□□
1 こんな大きな車があったらいいな。

□□□
2 仕事を1年間休んで、世界中を旅行できたらいいな。

1. **a ~ like thisで「こんな〜」を表します。**
2. **take ~ off は、〜部分に時間の長さを入れて「〜の間、休みを取る」という意味。take two weeks off なら「2週間休む」、take a half-day off なら「半休を取る」です。**

仮定してみる表現いろいろ

1 Let's say ~
「例えば〜としましょう」「仮に〜として」という意味の表現で、Let's suppose ~ や What if ~ ? の代わりに使うことができます。Let'sを省いて Say ~ だけで言ったり、Let's say, for example ~（例えば、仮に〜としましょう）と言ったりもできます。Let's say around 6.（6時ごろとかどう？）のようにaroundやaboutと組み合わせて、時間や日程の提案に使うこともあります。

2 If (the) worst comes to (the) worst
「最悪の場合」を意味する口語表現。一般的に文頭で使われます。正しくは If the worst comes to the worst ですが、日常会話では theを省きます。If も省いて Worst comes to worst とする人もいます。

3 I would like to think ~
「真相は分からないけど、そうであってほしい…」のようなニュアンスがあります。例えば、I would like to think the company protects our personal information.（会社が個人情報を保護してくれていると思いたいものだ）は、多少の疑いはあるけれど信じたいといった気持ちを表します。

014

It’s not like ~

track 027 英 日

□□□
1 It’s not like I’m late all the time. I’ve only been late a few times.

□□□
2 So what if it doesn’t work out? It’s not like the end of the world. Just give it try.

Key Point

いろいろな状況で使える便利な表現。友達に引っ越しの手伝いを断られたときに、It’s not like you’re busy. Help me out.（別に忙しいわけでもないだろ。手伝ってよ）と言ったり、全然家事をしないと妻に注意された夫が、It’s not like I never do the chores.（家事を全くしないってわけじゃないし）と反論したり、といった場面でも使えます。

～というわけではない

track 028 日 英

□□□
1 いつも遅れるってわけじゃないよ。
2、3回遅刻しただけだよ。

□□□
2 うまくいかなくてもいいじゃん。別にこの世が
終わるわけじゃないし。とりあえずやってみなよ。

1. all the time は「いつも、しょっちゅう」という意味です。
2. So what if ~? は、疑問文の形ですが、「～だったらどうだっていうんだ」「～でもいいじゃないか」という意見を伝えるフレーズです。

前置詞likeを使った表現

1 ~ and things like that

things like that は「そのようなこと」や「そういったこと」を意味する表現です。例えば、「そういうことはいつも起こる」は Things like that always happen.、「そんなこと言わないで」は Don't say things like that. のように表します。~ and things like that は「～など」を意味し、既に述べたことに関連のあることをまとめて示す言い方。~ and so on や ~ and so forth より口語的な言い回しとして使われます。

2 like I said

like I said は「今言ったように」や「前にも言ったけど」を表し、既に述べたことに再び言及する前置き表現で、ここでの like は「～のように」を意味します。厳密に言えば as I said が文法的に正しく、フォーマルな場では as I said の方が適切ですが、日常会話ではlike I saidがよく使われます。既に述べたことを言い直したり補足説明を加えたりする他、しつこく同じ質問をする人に対して Like I said, I'm not interested.（さっきも言ったけど、興味ありません）のように、自分の発言を繰り返して強調する際に使うこともできます。

015

keep ~ in mind

track 029 英 日

□□□ **1** Thanks for the advice. I'll keep that in mind.

□□□ **2** Keep in mind that this is her first time living abroad.

相手の言ったことやアドバイスに対して、「覚えておきます」や「心に留めておきます」と言う場合によく使うフレーズです。例えば、マラソンのレース前に、経験豊富な先輩から「周りに流されるな」とアドバイスされたら、I'll keep that in mind.（肝に銘じます）と返答するといいでしょう。また、「この点は忘れないで」と相手に念を押すときにも使うことができます。

～を覚えておく、心に留めておく

track 030 日 英

□□□
1 アドバイスありがとう。覚えておきます。

□□□
2 彼女にとっては、初の海外生活だということを忘れないでください。

1. Thanks for ~ は「～を（して）くれてありがとう」とカジュアルにお礼を言う表現。
2. ~'s first time ...ing で「～が…する初回」つまり「～にとって…するのが初めて」という意味です。

mind はこんなふうにも使われる①

1 come to mind
come to mind は、アイデアや思い出などが「頭に浮かぶ」ことを意味する表現。the first ~ that comes to mind（最初に頭に浮かんだ～）というフレーズがよく使われます。また、pop into one's head も、アイデアなどが「パッと浮かぶ、ひらめく」という意味で、「突然」のニュアンスが強調された表現です。

2 cross one's mind
crossの「横切る、通り過ぎる」という意味から、考えや思いが「脳裏をよぎる」ことを意味します。That/It (has) crossed my mind. と言うと「そのようにチラッと思ったことがある」、逆に That/It (has) never crossed my mind. と言うと「全くそんなことを思ったことがない」を意味します。

3 have ~ in mind
直訳で「心の中に持っている」となるこの表現は、頭の中でアイデアや計画を「考えている」ことを意味します。What do you have in mind? は相手の考えを尋ねる定番フレーズ。I have an idea in mind. なら「考えがあるんだ」、翻訳者を探している友達に I have a person in mind. と言えば「心当たりあるよ」となります。

016

keep ~ in the loop

track 031 英 日

□□□ 1 Let me know if anything comes up. Keep me in the loop.

□□□ 2 I'll be sure to keep you in the loop about the cultural exchange event.

keep ~ in the loop は「～（人）を輪の中に入れる」ことから、「情報を共有する」「（物事の進捗状況や計画の変更など）最新情報を随時報告する」の意味でよく使われる表現です。 I'll keep you in the loop about the barbecue party.（BBQパーティーで何か決まったら連絡するね）のような日常会話でも、ビジネスの場でも使われます。

～に情報を共有する

track 032 日 英

□□□ 1 何かあったら教えてください。新しい情報が入ったら連絡して。

□□□ 2 文化交流イベントについて何か分かったら必ず連絡するね。

1. come up は「(問題などが) 生じる」という意味で、if anything comes up は「何かあったら」という定型表現です。
2. I'll be sure to ~ は「必ず～します」と約束する表現です。

「情報を伝える」「連絡を取り合う」を意味する表現

1 keep ~ posted

keep ~ in the loopと同じように「最新情報を逐次報告する」の意味でよく使われる表現です。「何かあれば / 分かったら連絡するね」は I'll keep you posted.、「～について随時連絡します」は I'll keep you posted on ~. のように言います。posted は updated に置き換えて使うこともできます。

2 keep in contact with ~

in contact with ~ は「～と接触する」「～と連絡を取り合う」を意味する表現です。 come in contact with the virus (ウイルスに触れる) のように実際に何かと接触するような状況でも使いますが、人と会ったり電話で話したりして連絡を取るような状況にも使います。keep in contact with ~ (～と連絡を取り続ける) の他、come/get in contact with ~ (～と連絡を取るようになる) や be in contact with ~ (～と連絡を取り合っている) のようにも使います。

017

kill

track 033 英 日

□□□
1 This hot and muggy weather is killing me.

□□□
2 I think I strained my lower back. It's killing me.

killは「～をひどく嫌な思いにさせる」という意味で、「耐えられないくらい苦しい」状況や、病気やけがなどで「体（のある部位）がとても痛い」ことを表します。アメリカの日常会話でよく使われるYou're killing me! は、相手のせいで自分が苦しい状況に陥ったときの「いい加減にして!」の他、相手の面白い言動で笑いが止まらないときの「死ぬほどおかしい」の意味としても使われます。

～にひどく嫌な思いをさせる

track 034 日 英

□□□

1 この蒸し暑さには耐えられない。

□□□

2 ぎっくり腰になったかも。すごく痛い。

1. **muggy はムッとするような「蒸し暑い」様子を表します。**
2. **strain は「～の筋を違える、～を捻挫する」ことを表し、strain one's lower back で「ぎっくり腰になる」という意味です。**

killはこんなふうにも使われる

1 食べ尽くす、飲み干す

ものすごい早さで食べ尽くしたり、ものすごい量を飲み干したりするなど、何かしら“驚き”のニュアンスを込めて使う口語表現です。例えば、注文したピザを友達が丸ごと全部食べたときに、Wow, you killed the pizza!（うわ、ピザ全部食べちゃったんだ！）のように言います。

2 圧勝する

スポーツの試合で大差をつけ圧勝することをkillで表現します。例えば、サッカーの試合で自分のチームが6-0で完勝した場合、We killed that team.（相手チームをボコボコにした）のように表現します。逆に、相手に「圧勝された・ボコボコにされた」という場合は、get killed と言います。

3 時間をつぶす

空いた時間に何かをして時間をつぶす、暇つぶしをすることを kill (some) time と言います。「時間つぶしにゲームをする」は play a game to kill some time、「暇な時間がある」はhave some time to killと表現します。また、have 30 minutes to kill（30分の空き時間がある）のように、time の代わりに具体的な時間の長さを入れて使うこともできます。

018

make it

□□□
1 Can you make it tonight?

□□□
2 There was so much traffic that we barely made it to our flight.

make it はアメリカの日常会話で基本的に3つの使われ方をします。まずは make it on time の略で「(時間に) 間に合う」。乗り物の出発時刻などに「間に合うと思う?」と聞くなら Do you think we'll make it? と言います。「〜に間に合う」と具体的に言う場合 はmake it to ~ と to を使います。

①時間に間に合う
②都合がつく
③回復する

track 036 日 ⟩)) 英

□□□
1 今夜来れる？

□□□
2 渋滞がひどかったが、飛行機にはギリギリ間に合った。

1. このmake itは「都合がつく」という意味です。
2. so much traffic（とても多い交通量）で「渋滞している」ことを表します。barely は「やっとのことで～する、ギリギリのところで～する」という意味の副詞です。

make itの使い方：続き

1 都合がつく
例えば、ビアガーデンに誘われて、その日は特に予定がなければ I can make it.（行けるよ）、他の予定が入っていたら I can't make it.（都合がつかない）のように言います。相手の都合を聞くときは、Can you make it?（来られる？）のように質問します。go や come を使うよりも make it の方がより口語っぽい響きがあります。

2 回復する
重い病気にかかった人が「回復する」、重体の人の「命が助かる」という意味。He is going to die.（彼は死んでしまう）だとストレート過ぎる言い方になるため、代わりに He is not going to make it.（彼は助かりません）のように表現することがよくあります。

019

make up one's mind

track 037 英 日

□□□
1 Hurry up and make up your mind!

□□□
2 I don't know what to do. I can't make up my mind.

意味は「決める」や「決心する」を意味する動詞 decide と全く同じですが、話し言葉でよく使うフレーズです。優柔不断な相手に対して Make up your mind.（はっきりして）と言ったり、なかなか決断できず悩んでいることを I can't make up my mind.（決められない＝迷う）と表現したりする際によく用いられます。

決める、決心する

track 038 日 英

□□□

1 早く決めてよ！

□□□

2 どうしたらいいか分からないな。迷うな～。

1. Hurry up and の後に動詞を続けて、「早く～して」とせかす表現になります。
2. I don't know what to do. は直訳すると「すべきことが分からない」ですが、「どうしたらいいか分からない」ときに使う定番表現です。

mindはこんなふうにも使われる②

1 speak one's mind
「意見や考えをはっきりと言う」ことを意味する表現です。 Speak your mind!（思っていることをはっきり言ってください！）と言えば、率直に意見や考えを述べてほしい気持ちを伝えることができます。

2 put one's mind to ~
直訳で「精神を～に置く」となるこの表現は、決めたことに「専念する」「気持ちを込めて全力で努力をする」ことを表します。 例えば、英検の勉強をしている友達に「必死に勉強すれば合格できるよ」と励ます場合は、You can pass the test if you put your mind to it. と言います。

3 take one's mind off ~
直訳すると「～から精神を離す」ですが、嫌なことや心配事を「いったん忘れる、（一時的に）考えないようにする」ことを意味します。「今は仕事のことを忘れなよ」なら Take your mind off (your) work.、「とりあえず問題を考えないようにしよう」は I'm going to try to take my mind off my problems. という具合に使います。not think about ~ のより口語的な言い方として使えます。

020

one of a kind

track 039 英 日

1 This design is one of a kind. It leaves a lasting impression.

2 Traveling to Africa was a one-of-a-kind experience I'll never forget.

Key Point

この kind は「種類」を意味し、one of a kindは「その種類で一つだけ」「他に類のない唯一無二の存在」から、「ユニークな」「独特な」「特別な」を意味する口語表現です。大谷翔平選手のような特別な選手を、称賛の気持ちを込めて Shohei Ohtani is one of a kind. と表現します。名詞を修飾する場合は、one-of-a-kind のようにハイフンを入れます。

ユニークな

track 040 日))) 英

□□□
1 このデザインはユニークです。いつまでも印象に残ります。

□□□
2 アフリカへの旅は、私にとって忘れられない、唯一無二の体験となりました。

1. leave a ~ impression で「～な印象を残す」、lasting は「長続きする、永続的な」という意味です。
2. 旅行したのは過去なので was は過去形、「忘れられない」はこれから先ずっとのことなので will ('ll) で表しています。

複合語いろいろ

1 in-laws

義理という意味で、「義理の母親」は mother-in-law、「義理の父親」は father-in-law と言います。「義理の両親」は parents-in-law ですが、日常会話では略して in-laws ということも多いです。厳密に言えば、in-lawsは義理の親戚全般を表しますが、一般的には「義理の両親」を指して使われます。

2 picture-perfect

欠点や非の打ち所のない理想的な状況を表すときに使われます。例えば、雲一つない晴天で過ごしやすい気温の「素晴らしい一日だった」なら、It was a picture-perfect day.、「全てが計画通りに進み完璧だった」は Everything was picture-perfect. のように表現します。素晴らしい景色にも使うこともでき、「絵のように完璧な夕日」は a picture-perfect sunset と表します。

3 in full swing

最高の状態であることや、本格的に始動していることを表します。イベントや仕事などについて使われることが多く、例えば、The party is in full swing.（宴もたけなわだ）、The project is in full swing.（プロジェクトは本格的に動き出している）のように使います。

021

resonate

1 **That resonates with me.**

2 **Have you seen any movies lately that resonated with you?**

resonate は本来、音が「鳴り響く」ことを意味する単語ですが、日常会話では、人の考え方や意見、経験やスピーチなどに強く「共感する」ことを意味し、そうしたものが心の中に響き渡るニュアンスがあります。 日常会話では一般的に resonate with ~ の形で使われ、~ 部分には共感を呼ぶ対象が入ります。

①共感する
②心に響く

track 042 日 英

□□□
1 私はそれに共感できます。

□□□
2 最近、心に響く映画は見ましたか？

1. 「それが私の心に響く」すなわち「私はそれに共感する」ということです。
2. lately は「（今に至るまでの）近頃」という意味で、現在完了形の文で使われます。

「心に響く」を意味する表現

1 relate to ~
「~（人・もの）に共感する・できる」という意味の表現。resonate with ~ ほど強い共感ではないものの、相手と似たような経験をしているため、相手の言いたいことや気持ちがよく分かるような状況で使われます。また、本や映画の内容に共感するときにも使えます。

2 hit home
「急所を突く」といった意味合いの口語表現。良い意味でも悪い意味でも、胸にグサッと刺さるような話を聞いたり、映画や音楽に強い感銘を受けたときに使われます。resonate を口語的にした言い方ですが、どちらかというとネガティブな出来事に使われる傾向があります。strike home も同じ意味を持ちます。

022

Take it easy.

track 043 英 日

□□□ 1 **It sounds like you're working too much. Take it easy.**

□□□ 2 **I'm going to stay in for the weekend and take it easy.**

Key Point

take it easy は「リラックスする」や「のんびりやる」を意味します。命令形にすると、働き過ぎの人やストレスを抱えている人、体調不良の人に対して「無理しないでね」、腹を立てている人に対して「落ち着いて」の意味で使える便利なフレーズです。同僚や友達同士のカジュアルな別れ際のあいさつに使われることもあり、その場合は「頑張り過ぎないでリラックスしてね、じゃあね!」といった意味合いになります。

① 無理しないでね。

② 気楽にね。

track 044 日 英

□□□
1 話を聞くと、あなたは働き過ぎのようだね。無理しないでね。

□□□
2 週末は家でのんびり過ごすつもりです。

1. it sounds like ~ は、「聞いたことから判断すると、どうやら〜」という意味合いの表現。
2. stay in は「家でずっと過ごす」ことを表します。

「リラックス」に関する表現

1 sit back

「椅子に深くもたれる」ことから、「リラックスする」「まったり過ごす」を意味します。実際に椅子にゆったり座る意味で使われることもあれば、家でのんびり過ごす意味で使われることもあります。テレビの司会者が Sit back and enjoy the show.（リラックスして番組をお楽しみください）と言ったり、家に招いた友達に Sit back and relax.（くつろいでて）と伝えたりするときに使います。

2 unwind

この表現には「緊張をほぐす」という意味合いがあります。特に、忙しい一日を過ごした後に、ワインやお茶を飲んだり音楽を聴いたり散歩したりしてゆったりとした時間を過ごすことを表します。多忙が続く中で「一息つかないといけない」と言いたい場合は I need to unwind.、「私はリラックスするために散歩に出かけます」は I go for a walk to unwind. のように表します。

3 me time

「自分の時間」や「一人の時間」を意味し、一人でリラックスする時間を指します。この意味のときは my time ではなく me time となることに注意。いつも子育てや仕事でバタバタしていてなかなか一人でゆっくりする暇のない人が「自分の時間が欲しい」と言うときは I need some “me time.” と表現します。

023

when it comes to ~

track 045 英 日

□□□ 1 When it comes to wine, I'm very particular.

□□□ 2 When it comes to learning English, I find watching movies useful.

Key Point

この表現は、ある特定の話題やテーマに話を絞って「～のことになると」「～に関して言うと」と言うときに用いられます。when it comes to の後に名詞もしくは動名詞（動詞のing形）を続けます。文頭または文末に置かれる傾向があります。

～のことになると、～に関して言うと

track 046 日 英

□□□
1 ワインに関しては、私はすごくこだわりがあります。

□□□
2 英語を学ぶことに関して言うなら、映画を見るのは役に立つと思います。

1. particular は「好みがうるさい、こだわりが強い」ことを表します。
2. I find ~（名詞・動名詞）...（形容詞）は「～が…だと思う・感じる」という個人の感想を伝える表現です。

自分の意見を表明するときのフレーズ

1　the way I see it

「私が思うに」「私が考えるには」と相手に自分の考え方や感じ方を伝えるとき使われます。特に、話している相手や周りの人たちと意見が異なるときに使われます。The way I look at it, ~ と表現することもできます。また、意見を述べた後に (At least,) That's the way I see it.（[少なくとも] 私はそう思います）とつけ加える使い方もします。

2　if you ask me

直訳で「あなたが私に尋ねたら」ですが、「私に言わせてもらうと～」と自分の意見を述べるときに使われます。in my opinion よりも口語的な言い回しです。相手から意見を聞かれていない状況でも、自分の意見を伝えたいときに使ってOKです。文頭と文末、両方で使えます。

3　let me tell you

日本語の「言っとくけど」や「ちょっと言わせてもらうと」に相当する表現で、自分の発言を強調したいときに使われます。自分自身が実際に経験して知っていることを相手に伝えたいとき、もしくは自分の率直な意見や感情を相手にはっきりと伝えたいときに使われることが多いです。 基本、文頭もしくは文末で使われます。

Let's try!

Exercises 1

日本語訳に合うように空欄に適切な語を入れて英文を完成させましょう。

1. 何あの音?イライラする!
   What's that noise? It's driving me c______ !

2. 了解。8時ごろ行くね。
   I g______ it. I'll swing by around 8-ish.

3. 少し考えさせてください。
   Let me give it some t______ .

4. 少なくとも彼に映画を見る目があることは確かだ。
   I have to admit that at least he has good t______ in films.

5. もしあなたが彼女の立場だったらどう思いますか?
   How would you f______ if you were in her shoes?

6. もうこれ以上我慢できない!
   I can't s______ it anymore!

7. 私はじめじめした天気は嫌いではありません。
   I don't m______ humid weather.

8. 英語の勉強は楽しいと思う。
   I f______ studying English fun.

9. 古いノートパソコンを直すより新しいのを買った方がいいと思います。
   I'd s______ you'd be better off buying a new laptop than fixing the old one.

10. 私はそのアイデアに納得していません。
    I'm not c______ with that idea.

11. 私はNetflixにすごくハマっています。
    I'm o______ with Netflix.

12. あの映画は本当に面白かった！ずっと大爆笑してたよ！

That movie was hilarious! I was d______ the whole time!

13. こんな大きな車があったらいいな。

It w______ be nice to have a big car like this.

14. いつも遅れるってわけじゃないよ。2、3回遅刻しただけだよ。

It's not l______ I'm late all the time. I've only been late a few times.

15. アドバイスありがとう。覚えておきます。

Thanks for the advice. I'll k______ that in mind.

16. 何かあったら教えてください。新しい情報が入ったら連絡して。

Let me know if anything comes up. K______ me in the loop.

17. この蒸し暑さには耐えられない。

This hot and muggy weather is k______ me.

18. 今夜来れる？

Can you m______ it tonight?

19. 早く決めてよ！

Hurry up and m______ up your mind!

20. このデザインはユニークです。

This design is one of a k______.

21. 私はそれに共感できます。

That r______ with me.

22. 話を聞くと、あなたは働き過ぎのようだね。無理しないでね。

It sounds like you're working too much. Take it e______.

23. ワインに関しては、私はすごくこだわりがあります。

When it c______ to wine, I'm very particular.

Answers 1 回答例

1. What's that nois? It's driving me crazy!
2. I got it. I'll swing by around 8-ish.
3. Let me give it some thought.
4. I have to admit that at least he has good taste in films.
5. How would you feel if you were in her shoes?
6. I can't stand it anymore!
7. I don't mind humid weather.
8. I find studying English fun.
9. I'd say you'd be better off buying a new laptop than fixing the old one.
10. I'm not comfortable with that idea.
11. I'm obsessed with Netflix.
12. That movie was hilarious! I was dying the whole time!
13. It would be nice to have a big car like this.
14. It's not like I'm late all the time. I've only been late a few times.
15. Thanks for the advice. I'll keep that in mind.
16. Let me know if anything comes up. Keep me in the loop.
17. This hot and muggy weather is killing me.
18. Can you make it tonight?
19. Hurry up and make up your mind!
20. This design is one of a kind.
21. That resonates with me.
22. It sounds like you're working too much. Take it easy.
23. When it comes to wine, I'm very particular.

Chapter 2

丸ごと覚えたい 便利フレーズ 17

17 Phrases to Learn by Heart

024

Anything will do.

track 047 英 日

□□□
1 I'm not looking for a particular brand, so anything will do.

□□□
2 I'm not a picky eater, so any restaurant will do.

Key Point

提供・提案されたものならなんでもOKという意味の表現です。Anything is OK. より若干フォーマルな感じがしますが、日常的に使われます。Any color will do.（どんな色でもいいよ）のように、any ~ will do の形でも使われます。また、相手から何かを提案されて「それでいいですよ」と言う場合は、That will / That'll do. と表現できます。

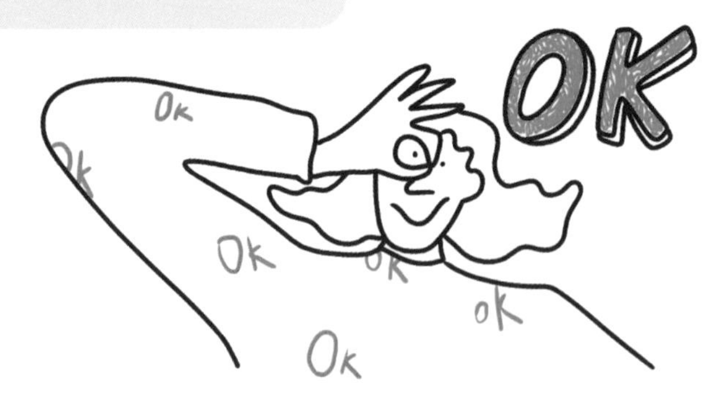

なんでもいいよ。

track 048 日))) 英

□□□
1 特定のブランドを探しているわけじゃないから、なんでもいいよ。

□□□
2 私は好き嫌いがないから、どんなレストランでもいいよ。

1. particular は「特定の」「決まった」という意味です。
2. picky eater は、食べ物の「好き嫌いの多い人」を意味します。

「こだわる」を表す言い回し

1 particular

be particular about ~ として、「~にこだわりがある」「~にうるさい」「~を細かく気にする」という意味で、食べ物の好みや趣味など、さまざまな種類のこだわりに対して用いられます。例えば、「彼は時間にうるさい」なら He is particular about time. のように、aboutの後にこだわりの対象を入れます。

2 picky/choosy

どちらも「選ぶ」を意味する動詞から派生した形容詞です。食べ物やファッション、恋愛相手まで、物事を選ぶときに些細なことを必要以上にこだわったり気にしたりする様子を表します。picky は特に食べ物に対するこだわりによく使われ、「好き嫌いの多い人」を picky eater と表現します。

3 split hairs

もともとの意味は「髪の毛をかきむしる」ですが、日常会話では細かなことや違いについて必要以上にこだわることを意味する慣用表現としても使われます。一般的にはネガティブな響きがあり、Stop splitting hairs. と言えば「重箱の隅をつつかないで」「あら探しはやめて」という意味です。

025

Don't get me wrong.

track 049 英 日

□□□ 1 Don't get me wrong. I think it's a great idea, but I don't think it's realistic.

□□□ 2 Don't get me wrong, but I just don't feel like going out tonight.

get ~ wrongは「～（人）を誤解する」を意味します。 Don't get me wrong. は、相手が自分の発言を読み違えそうな場合に「誤解しないでほしいんだけど」と言って会話を切り出したり、相手にとってうれしくない情報を伝える場合に「悪く取らないでほしいのですが」というニュアンスで前置きしてから本題に入ったりするのによく使われる、お決まりの表現です。

①誤解しないでほしいんだけど。
②悪気はないのですが。

track 050 日 英

□□□
1 誤解しないでください。素晴らしいアイデアだとは思っていますが、現実的ではないと思います。

□□□
2 気を悪くしないでほしいのですが、今夜は出かける気分ではありません。

1. realistic は「現実的な、実際的な」という意味です。
2. I don't feel like ~ing は「～する気分ではない」と、気乗りがしないことを言う表現です。

「誤解」や「勘違い」を表す言い回し

1 misunderstand

勘違いしたり誤解したりすることを意味する動詞で、misunderstanding とすると「誤解」という名詞になります。どちらかというと、耳で聞いた情報を勘違いした場合に用いられる表現です。例えば、「私の勘違いでした」と自ら非を認める場合は That was my misunderstanding. と表します。

2 I thought ~

「～と思った」という意味のこの表現は、思っていたことと実際のことが違っていたときに「てっきり～だと思っていた」のように、勘違いのニュアンスを含んだ意味で使われることがあります。例えば、木曜日なのに金曜日だと勘違いした場合、I thought it was Friday today.（今日は金曜日だとばかり思っていた）という具合に使います。

3 I was under the impression (that) ~

impression（印象）を使った be under the impression (that)~は、「～という印象を抱く」から「～だと思い込む」ことを意味し、特に根拠もなく何かを勝手に信じたり、誤った思い込みを持つニュアンスが含まれます。I was under the wrong impression. で「勘違いしていました」という意味になります。

hit the ~

track 051 英 日

□□□ 1 Let's hit the gym before work tomorrow.

□□□ 2 It's a beautiful day today! Why don't we hit the beach?

hitは本来、「打つ」や「たたく」を意味する単語ですが、日常会話では「~へ行く」という意味としてもよく使われます。どんな状況でも使えるわけではなく、フィットネスジムやプール、ショッピングモール、バー、公園や海など日常的によく行く場所に使われます。固有名詞(店や建物、国など)には使うことができません。かなりくだけた口語表現なので、年配の人や目上の人に対して使うのは避けた方がいいでしょう。

～に行く

track 052 日 英

□□□

1 明日、仕事の前にフィットネスジムに行こうよ。

□□□

2 今日は天気がいいね。海に行かない？

1. 「仕事の前に」と言うときの before work は、work に冠詞がつきません。
2. Why don't we ~? は「～しない？」と誘うカジュアルな表現です。

「～へ行く」を表す言い回し

1 head to/for ~

日常会話で go to ~ の代わりによく使う口頭的な表現です。基本的に head to ~ と head for ~ の意味は同じですが、カリフォルニアなどでは head to ~ の方がよく耳にします。また、I'm heading to ~. と I'm headed to ~. という形が使われ、どちらも意味は同じです。例えば、「海に行く」は I'm heading to the beach. と I'm headed to the beach. のどちらの言い方でもOKです。

2 off to ~

このフレーズは「これから～へ行ってくる（出かける）」といったニュアンスで going to ~ の代わりに使われます。例えば、「これから仕事へ行ってきます」は I'm off to work. になります。「もう寝ます」と言いたいときに I'm off to bed. と表現することもできます。ただし、「食事へ行きましょう」を（×）Let's off to dinner. とは言わないので、使い方には注意しましょう。

027

I couldn't agree more.

track 053 英 日

□□□ 1
A: That restaurant was wonderful!
B: I couldn't agree more!

□□□ 2
I couldn't agree more. Cats are low-maintenance, and they can take care of themselves.

直訳で「これ以上同感できない」となるこの表現は、相手に強く同意したり、大賛成であることを表します。I completely agree with you. と同じ意味を持ち、100%考えが同じであると強調したいときに使います。本来は I couldn't agree with you more. ですが、日常会話では with you を省いて I couldn't agree more. と言います。

全く同感だ。

track 054 日 英

□□□
1 A:あのレストラン、最高だったね！
B:本当にそうだね！

□□□
2 全く同感です。猫は手がかからないし、自立していますからね。

1. この couldn't は過去のことではなく、「しようと思ってもできない」という仮定法過去の意味合いです。
2. low-maintenance は、機械の「メンテナンスが楽な」ことから転じて、ペットに「手がかからない」ことを意味します。can take care of onself は「自分で自分の面倒が見られる」「自立している」という意味になります。

同意表現

1 You took the words right out of my mouth.
直訳で「あなたは私の口から言葉を取り出した」となるこの表現は、「私もそれを言おうと思っていた」「まさに私の言いたかったことです」といった意味になります。提案に対して「それはいい考えだね」のように同意を示すときにも使える口語的な言い回しです。

2 Sounds like a plan.
直訳すると「計画みたいに聞こえる」ですが、相手が提案した計画や予定に対して「いいね」「面白そうだね」と同調を示す口語表現です。It/That sounds like a plan. の主語が省略されています。中には、Sounds like a plan, Stan. と言う人もいますが、Stan と plan の音が似ていることから言葉遊びをしているだけで、意味は Sounds like a plan. と全く同じです。

3 I'm up for that.
up for ~ は、何かに「乗り気である」ことを表すカジュアルな表現です。提案や誘いなどに対して、「いいね!」や「ぜひやりましょう」のように肯定的な返事をするときによく使われる表現です。例えば、友達に Do you want to go to the beach tomorrow?（明日、海に行かない?）と誘われたとき、I'm up for that.（いいね、行こう）と答えることができます。

028

I don't know about that.

track 055 英)))日

□□□ 1 You think he should get fired? I don't know about that.

□□□ 2 I don't know about that. It sounds too good to be true.

相手の発言に懐疑的だったり完全には同意できなかったりする状況で使われ、日本語の「どうでしょうね」「それはどうだろう」に相当します。I don't think so.（そうは思いません）に意味は似ていますが、I don't know about that. には遠回しに反対するニュアンスがあります。

どうでしょうかね。
それはどうかな。

track 056 日 英

1 彼は解雇されるべきだと思うの？
それはどうかな。

2 それはどうだろう。話がうますぎると思うな。

1. get fired は「解雇される、クビになる」という意味の表現。
2 too good to be true は「本当にしては良すぎる」つまり「話がうますぎて本当とは思えない」という意味です。

I don't know を使った表現

1 I don't know about ~.

that の代わりに具体的な事柄を入れた I don't know about ~. (～ってどうなんだろう) は、「微妙だ」「イマイチだな」と思いながら、言葉の上では良し悪しをはっきりさせず意見を多少ごまかすような言い方になります。例えば、I don't know about this restaurant. は「このレストラン、微妙だな」という意味合いです。

2 I don't even know ~

I don't know ~ に even を加えることによって、「～すら分からない」と分からなさが強調されます。I have no idea who he is. I don't even know his name. (彼が誰なのか全く分かりません。名前すら知らないんです) のように使います。

029

I doubt ~

track 057 英 日

1 A: Do you think he will come?
B: I doubt it.

2 I doubt you'll get a refund, but it's worth trying.

Key Point

doubtは「疑う」を意味します。日常会話では「～だと思わない」や「多分～ではない」と表現する場合に、I don't think ~ の代わりにI doubt ~ を用いることがあります。より強調したい場合は、highly を加えて I highly doubt ~ と言います。

～だと思わない

track 058 日 ◀ 英

☐☐☐ 1
A：彼、来ると思う？
B：来ないんじゃないかな。

☐☐☐ 2
返金されないと思うけど、やってみる価値はあると思う。

1. I doubt it. は、形は肯定文ですが、否定的な意見を述べるときに使われます。
2. refund は「払い戻し（金）」、get a refund は「払い戻しを受ける、返金してもらう」という意味。worth ~ing で「～する価値がある」を意味します。

断定・断言の表現

1 I have no doubt ~

「まったく疑いを持たない」「疑う余地がない」を意味することから、「絶対～だ」や「～に違いない」を表し、何かを確信していることを表す時に使われます。There is no doubt ~ と表現することもできます。

2 I'm positive ~

この場合の positive は「明白な」「確かな」という意味です。I'm positive ~ は I'm certain ~ と同じく「～なのは確かだ」という意味になります。この2つの表現は置き換えて使うこともできます。

3 I could've sworn ~

swear は「誓う」や「断言する」を意味します。I could have sworn ~ は「～だと誓ってもいい」ということから、「確かに～のはずだ」や「～なのは間違いない」といった意味で使われます。何かが断言できるほど確実であることを表し、特に周りから疑われたり、嘘だと思われているような状況で使われます。日常会話では、could have を could've と短く言うことが多いです。

030

I feel you.

□□□
1 A: I'm so nervous about the exam.
B: I feel you.

□□□
2 I feel you. It's tough to get over a breakup.

Key Point

I know how you feel（あなたの気持ちは分かります）をくだけた形にした口語表現で、相手への共感や理解を示す際に使います。 I understand や I agree with you と同じ意味を持ちますが、よりフレンドリーでカジュアルな響きがあります。

うん、分かる、分かる。

track 060 日 英

1 A: 試験が不安で仕方ないよ。
B: うん、分かる分かる。

2 気持ちは分かるよ。破局を乗り越えるのはつらいよね。

1. exam は examination（試験）を短くした口語です。
2. get over ~は「～を克服する」、breakupは「（恋愛の）別れ、破局」という意味です。

理解を示す相づち表現

1 I hear you

直訳すると「あなたの言うことは聞こえている」ですが、相手の考えや意見、または主張したことに対して、「言いたいこと分かるよ」「そうだよね」と相づちを打つ表現です。必ずしも相手の考えに賛同するわけではなく、一定の理解を示す意味合いが込められています。愚痴や不満への相づちに使われる傾向があります。

2 I know what you mean

相手が発言したことに対して「言いたいことは分かる」「うん、分かる分かる」と共感を示す、I feel you と同じ意味合いの表現です。日常会話でよく使われ、カジュアルな場面でも、深刻な相談事に対しても使える便利なフレーズです。

3 I (can) see your point

「あなたの言いたいことは分かります」と相手の論点に理解を示す言い方。your point の代わりに that point（その点）を使うこともあります。相手の考え方や見方は理解できるが、必ずしも同意しているわけではないため、「あなたの言いたいことは分かるけれど…」と、このフレーズの後に but で自分の考え方や主張を続けることもよくあります。また、I see where you're coming from.（言いたいこと/お気持ちは分かります）も、相手の意図や気持ちを理解していることを伝える表現です。

031

I mean it.

track 061 英 日

□□□ 1 I mean it. I want to go on a working holiday.

□□□ 2 Do you really mean it, or are you joking?

本気で何かを考えている、真剣に取り組もうとしている、または発言が本気である、と強調する表現です。特に、周りから冗談だろうと思われている状況で「本気だよ」と主張したいときによく使います。相手の発言の真意を確かめるために「本気なの?」と聞くときは、Do you mean it? と尋ねます。

本気で言っています。

track 062 日 英

□□□

1 本気です。ワーキングホリデーに行きたいんです。

□□□

2 本気で言っているの？それとも冗談なの？

1. **go on a working holiday で「ワーキングホリデーに行く」。go on ~ には「~（旅行・休暇など）に出かける」という意味があります。**
2. **Do you mean it? だけでも「本気？」ですが、さらに really をつけることもあります。**

meanの使い方

1 過去形 meant to ~

過去形の meant to ~ には「~するつもりだった」と「わざと~をした」の二つの意味があります。例えば、友達に「電話するつもりだったけど忘れちゃったよ」と言う場合、I meant to call you, but I forgot. と言います。また、「それはわざとやったんだよ」とあえて言いたいときに I meant to do that.、逆に「そんなつもりはなかったんだ」は I didn't mean to do that. と言います。意図せず相手を怒らせてしまったときには I didn't mean to offend you.（気を悪くさせるつもりはなかった）と言うことができます。

2 受け身 be meant to ~

ある目的のために何かが作られていたり、考案されたりしていることを表し、「~するようになっている」「~するためのものだ」を意味します。例えば、貯金ばかりしている友達に、Money is meant to be spent.（お金は使うためにあるんだよ）のように言うことができます。また、「~するように運命付けられている」という意味でも使われ、仕事や出会いなどが運命であると示したい状況でよく使われます。「そうなる運命だ」は It was meant to be. と言います。

032

I'm with you.

track 063 英 日

□□□ 1 I'm with you. I think swimming is the best form of exercise.

□□□ 2 I'm with you on moving back to Japan.

相手の意見や考えに賛同を示す表現で、I agree with you. よりも口語的です。
I'm with you on ~ とすると「~に関してあなたに賛成です」と言うことができ、「その点ではあなたと同意見です」と言うならI'm with you on that (point). となります。

賛成です。
同感です。

track 064 日 英

□□□
1 あなたに同感です。水泳は一番いい運動だと思います。

□□□
2 日本へ帰国することは私も賛成です。

1. 特定の「運動（の方法）」はform of exerciseと表します。
2. I'm with you onの後には、名詞の他に、動詞のing形を続けることもできます。

共感の相づち表現

1 I've been there.

直訳すると「そこ（そういう場面）にいたことがある」となるこの表現は、自分も同じ経験をしているので相手の言っていることが理解できる・共感できると伝えたいときに使うフレーズです。このフレーズはポジティブとネガティブの両方で使うことができ、I've been there の後に too や before を加える人もいます。

2 I hate it when that happens.

この表現は相手に同情するときに使われ、「私もそういうことが起こると嫌に思う」「そういうのって嫌だよね」を意味します。深刻な問題よりは普段起こる軽い不運や不都合について使うことが一般的で、自分の不注意やコントロールできない出来事に対して使われます。例えば、自動販売機で「お茶」のボタンを押したのにコーヒーが出てきたと話す友達に、このフレーズで共感を示すことができます。

033

I've got to run.

track 065 英 日

□□□ **1** I've got to run. I have to pick up my daughter from school.

□□□ **2** I'd love to stay and chat a little longer, but I've got to run.

「今すぐ（急いで）行かないといけない」を意味するフレーズです。例えば、終電が近いときなら Sorry. I've got to run. I have to catch the last train.（ごめん、終電があるのでもう行かないと）のように言います。日常会話では I gotta run. のようなくだけた言い方をすることもよくあります。

もう行かないと。

track 066 日 英

□□□ 1 そろそろ行かないと。娘を学校へ迎えに行かなくちゃいけないので。

□□□ 2 もう少し話していたいのはやまやまですが、そろそろ行かないと。

1. pick up ~ は「～を（車などで）迎えに行く」という意味。
2. I'd love to ~ but ... は「とても～したいけれど、でも…」と残念な気持ちを伝えながら断りを入れる表現です。

runはこんなふうにも使われる

1 run late

到着が遅れることを伝えるときに使う口語的なフレーズです。I'm running late.（遅れています）やI'm running 15 minutes late.（15分遅れています）のように、一般的には進行形で使います。また、プロジェクトなどが「遅れている」というときはThe project is running behind schedule.のようにrun behind scheduleを使います。

2 run out of ~

何かを使い果たしたり、在庫などをしたりすることを意味します。not have any moreの口語的な言い方で、「～がなくなってきた」「そろそろ～が切れそう」と表現したい場合は現在進行形でWe're running out of ~.のように言います。

3 run in the family

特徴や性格、または病気などが家系に遺伝することをrun in the familyと表現します。例えば、家族全員が天然パーマだったら、「天然パーマ」を主語にして、Curly hair runs in the family.（天然パーマの家系なんだ）と言います。

That's a good question.

track 067 英 日

□□□ 1 **That's a good question. I'm actually not sure about that.**

□□□ 2 **Great question. I'll have to look that up and get back to you later.**

Key Point

That's a good question. には二通りの使い方があります。一つ目は、文字通り相手が適切な質問をしたことを表す使い方。二つ目は、即答に困ったとき、ちょっとした時間稼ぎをするクッションフレーズとしての使い方です。good の代わりに great を使うこともよくあり、日常会話では That's aを省いて、Good/Great question. と言うことも一般的です。

それは良い質問ですね。
いいところを突いてきましたね。

track 068 日 英

□□□
1 良い質問ですね。実はそれについてはよく分かりません。

□□□
2 とても良い質問ですね。その件については、確認をして後で連絡します。

1. I'm not sure（はっきりとは分からない）はI don't know（知らない）よりも穏やかな意味合いです。
2. look ~ up は「～を調べる」、I'll get back to you later. で「また後で連絡します」という意味です。

質問への返答いろいろ

1　You are putting me on the spot.

put someone on the spotは、答えるのが難しい質問を急に投げかけたり、難しい決断を迫ったりして、人を困らせることを意味します。アメリカ人の日常会話では、答えづらい質問を急に振られた際に、You are (really) putting me on the spot.（そんな質問されても困るよ）や Don't put me on the spot.（急にそんな話振らないで）と返答することがよくあり、返答を避けたいときに使える便利な言い回しです。

2　Funny you should ask.

この funny は、「面白い」ではなく「おかしな、不思議な」の意味です。相手の発言が自分の考えや経験・予定などとたまたま一致していたときに「そんなことをおっしゃるなんて奇遇ですね」と驚きを表して Funny you should say that. と言いますが、相手の質問に奇遇を感じたときは Funny you should ask. と言います。例えば、友達から Have you talked to Peter recently?（最近、ピーターと話した？）と聞かれたときに、Funny you should ask. I just talked to him this morning.（奇遇だね。実は今朝、彼と話したんだ）という具合に返答します。

035

What are your views on/ about ~?

track 069 英 日

☐☐☐ 1 **What are your views on that?**

☐☐☐ 2 **What are your views about banning plastic?**

政治や宗教、環境や貧困問題など、基本的に真面目な話題について相手の見解や考えを知りたいときに使われます。What is your view on ~? のように単数形で表現しても間違いではありませんが、日常会話では views のように複数形で使われることが多いです。

～についてあなたの見解はいかがですか？

track 070 日))) 英

1 それに関するあなたのご見解は？

2 プラスチックを禁止することについてあなたはどう考えていますか？

1. view はもともと「視野」「見えているもの」などを意味し、転じて「見解」という意味になりました。
2. ban は「～を（法律で）禁止する」という意味です。

意見を求める表現①

1 What do you think about/of ~?

人の意見や考えを尋ねるときに最もよく使われる言い方の一つです。カジュアルとフォーマル両方の場で使うことができます。about と of どちらを使っても大きな違いはありません。

2 What are your thoughts on ~?

相手の考えを聞き出すときに使われる定番フレーズです。Do you have any thoughts on this?（これについてご意見はありますか）といった聞き方もでき、シンプルにDo you have any thoughts? や Any thoughts? とも言います。

3 How do you feel about ~?

What do you think about/of ~ と同じくらいの頻度で使われ、相手がどのように感じているかを知りたいときに使われます。

4 Can I get/have your opinion on/about ~?

自分のプレゼンやスピーチのフィードバックが欲しい、問題や企画に対する意見が欲しいなど、相手の意見を聞きたいときに使われます。相手の率直な意見を聞きたい場合は、Can I get/have your honest opinion on ~? と言いましょう。

036

What's your take on ~?

track 071 英 日

□□□
1 What's your take on the plan?

□□□
2 What's your take on how Japan is handling the coronavirus?

What is your opinion on ~? よりも口語的な言い方で、ある状況や問題について相手がどのように解釈をし、どう考えているのかを尋ねるときの表現です。
口語的な言い回しですが、ややフォーマルな響きがあります。

~についてどう考えますか？

track 072 日 英

□□□
1 その計画をどう思いますか？

□□□
2 日本のコロナウイルスへの対応についてあなたはどう考えますか？

1. takeを「意見」という意味で使う場合、your take や my take のように、必ず one's take の形を取ります。
2. handle は「～を扱う、～（問題）に対処する」という意味です。

意見を求める表現②

1 Do you think I should ~?

どうするか迷っていて意見を聞きたいときは、このフレーズが使われます。日常会話では、Do を省いて You think I should ~? のように質問することもよくあります。

2 Do you think it's OK to ~?

特に、何かをやったら怒られるかもしれない、周りの迷惑になるかもしれない、と感じるようなことについて使われることが多い質問です。OKの代わりに all right もよく使われ、この質問もDo を省いて You think it's OK / all right to ~? となることがよくあります。

3 Don't you think that ~?

相手に同意を求めるときに使われます。 It was strange, don't you think?（変だったと思わない？）のように、don't you think を文末に持ってくることもできます。悪いことだけではなく、Don't you think this dog is cute?（この犬かわいくない？）のように良いことに対して使うこともできます。

037

Why not ~?

track 073 英 日

□□□
1 **Why not make it yourself?**

□□□
2 **Why not give it a shot? You never know until you try.**

Key Point

Why not ~? は直訳すると、「なんで〜しないの?」になりますが、日常会話では人に提案やアドバイスをするときに使われ、「〜したらどう?」や「〜したらいいじゃないか?」を表します。同じ意味の Why don't you ~ ? を、よりくだけた形にしたものです。

～したらどう？
～したらいいじゃないか？

track 074 日 英

□□□
1 自分で作ってみたらどう？

□□□
2 とりあえずやってみたら？やってみるまでは分からないよ。

1. for oneself や by oneself は「自分だけで」「独力で」という意味ですが、この例文の yourself は「他の人にやらせず自分で」という意味です。
2. give ~ a shot で「～を試してみる、やってみる」という意味の口語表現。

アドバイスに使われる表現

1 It might be a good idea to ~

直訳で「～をしたらいいアイデアかもしれないですよ」となるこの表現は、誰かに控えめに提案や助言をするときに使われる表現です。例えば、お酒をちょっと飲み過ぎている友達に「タクシーで帰った方がいいかもしれないよ」と言う場合、It might be a good idea to take a taxi home. と表現します。物腰柔らかく何かを提案したいときに使えるピッタリのフレーズです。

2 You'd be better off ~

better off の後に動詞のing形を続けると「～をした方がいい」という意味になり、誰かにアドバイスをするときによく使われます。should と意味は似ていますが、better offには、それをした方が「より良い状態になる」、「より幸せになる」、「より成功する」といったニュアンスがあります。例えば、車の修理に何十万円もかかるなら新車を買った方が良いと友達にアドバイスをするなら You'd be better off buying a new car. と言います。would be better off の他、may be better off や might be better off の組み合わせも日常的に使われます。

038

You can't go wrong with ~

track 075 英 日

□□□

1 **You can't go wrong with that color.**

□□□

2 **On a cold, rainy day, you can't go wrong with nabe.**

You can't go wrong with ~ は、「～なら間違いない」「～は絶対にうまくいく」「～がベストだ」などを意味する口語的な表現で、選択に太鼓判を押す一言としてよく使われます。例えば、来日した友達をどこに連れていこうか迷っている人に、You can't go wrong with a sushi bar.（寿司屋だったら間違いないよ）のように言います。

①～なら間違いない
②～がベストだ

track 076 日 英

□□□
1 その色だったら間違いないでしょう。

□□□
2 雨が降って寒い日は、やっぱり鍋に尽きるよね。

1. 相談を受けて似合う色を選んであげている状況で使えるフレーズです。
2. 「鍋物」に当たる英語として hot pot という言い方もありますが、日本独特の料理として、そのまま nabe でも OK です。

ベストであることを示す

1 There is no better way to A than (to) B

AにもBにも動詞を入れて、直訳で「AするためにはBする以上に良い方法はない」となるこの表現は、「AしたいならBするのが一番だ・ベストな方法だ」を意味します。The best way to A is to (to) B と同じ意味ですが、There is ...の方が、一番であることをより強調するニュアンスがあります。2つ目の動詞Bの前の to は省かれることがあります。また、日常会話では、There is も省いて、No better way to A than B とも言います。

2 I couldn't have asked for (a) better ~

直訳で「これ以上の～を求めることなどできなかった」から、「これ以上ないほどの～だった」「最高の～だった」を意味する表現で、betterの後に最高だと思った対象を入れます。例えば、I had a great time.（最高の時間だった）と言う代わりに I couldn't have asked for a better time.（これ以上ないくらい最高の時間だった）と言えば、最高の時間だったことをより強調する意味合いになります。

039

You deserve it.

track 077 英 日

□□□
1 Enjoy your days off. You deserve it.

□□□
2 Congratulations on your promotion! You truly deserve it.

直訳で「あなたはそれを受けるに値する」となるこの表現は、頑張った相手へのねぎらいとして使われます。例えば、プロジェクトのために仕事に打ち込んできた同僚が数日間休暇を取るとき、「頑張った分ゆっくり休んでね」という気持ちを込めて使います。逆に、悪いことをして報いを受けた人に「自業自得だ」の意味で言うこともあります。日常会話でよく使われる表現の一つなので、次回、頑張った相手にぜひ使ってみてください。

頑張ったからね。

track 078 日))) 英

□□□
1 休暇を楽しんでね。頑張ったんだから。

□□□
2 昇進おめでとう！まさに頑張ってきた成果ですね。

1. days off は「数日間の休み」。week off なら「1週間の休み」のように、期間に off をつけると「～の間休むこと」を表せます。
2. Congratulations on ~. で「～おめでとう」。お祝いの言葉congratulationsは複数形で使います。

褒める、励ます

1 You have come a long way.

come a long way は「遠くまで来る」から転じて「大きく発展・進歩する」「成長を遂げる」ことを意味します。直訳で「遠くまで来る」を意味するこのフレーズは、スタートした頃に比べ、技術、能力、品質、人間性などが大きく躍進や進歩する意味として使われます。have come a long way と完了形で表現するのが一般的で、著しく成長した相手を褒めるときによく使われる決まり文句が You have come a long way. です。

2 Break a leg!

直訳すると「足を折れ」となるこの表現は、これから舞台に立ち演技や演奏、スピーチなどを披露する人に対して使われる「頑張ってね!」を意味するイディオムです。例えば、これからプレゼンをする同僚に Break a leg!（頑張れ!）と応援できます。これから舞台発表やオーディションに向かう人にかける言葉なので、留学や仕事をする人に対して使うのは違和感があります。使い方には気をつけましょう。

040

You know what I mean?

track 079 英 日

□□□ 1 **I was under the impression that she didn't want to be a part of the project. You know what I mean?**

□□□ 2 **No matter how hard I try, I just can't fit in with my coworkers. You know what I mean?**

自分が言いたいことを相手が理解しているかどうか確認するときや、自分の発言に共感してほしいときに使われる、くだけた口語表現です。日常会話ではYou know what I'm saying? も同じ意味でよく使われます。逆に相手の意向や気持ちを理解したことを伝える場合は、I know/see what you mean.（君の言いたいことは分かるよ）と表現します。

言いたいこと分かるかな？

track 080 日 ◀ 英

□□□
1 てっきり彼女はそのプロジェクトに関わりたくないんだと思ってたよ。言いたいこと分かるかな？

□□□
2 どれだけ頑張っても同僚たちになじめなくて。言いたこと分かる？

1. under the impression that ~ は「～だという印象を受けて、～だと思い込んで」という意味。また、be a part of ~ には「～に携わっている」という意味があります。
2. fit in with ~ は、人が「～になじむ」ことを表します。

相手への確認

1 Correct me if I'm wrong, but ~

基本的に二つの状況で使われる前置きフレーズです。一つ目は、Correct me if I'm wrong, but it doesn't snow in L.A., right?（間違っていたら言ってほしいのですが、ロスには雪が降らないですよね？）のような、自分の認識や解釈の再確認。二つ目は、相手の主張を丁寧に訂正する状況で、例えば、Correct me if I'm wrong, but I thought the event was postponed to next month?（間違っていたら訂正してほしいのですが、イベントは来月に延期されたと思いますが）のように言えば、相手の勘違いをやんわり指摘することができます。日常会話でもビジネスの場でも使える便利な一言です。

2 What's the deal?

deal は「取引」「契約」の他に現在の「問題」「状況」を意味し、What is the deal? は状況や事情を確認する「どうなっているんだ？」「何事だ？」の意味で使われる表現です。What's the deal with ~? として「～はどうなっているの？」と具体的に尋ねることもできます。例えば、約束したディナーの場所や時間を確認したいときに、What's the deal with dinner tonight?（今夜のディナーってどうなっているの？）という具合に使われます。

Let's try!

Exercises 2

日本語訳に合うように空欄に適切な語を入れて英文を完成させましょう。

1. 特定のブランドを探しているわけじゃないから、なんでもいいよ。
I'm not looking for a particular brand, so a______ will do.

2. 誤解しないでください。
Don't get me w______ .

3. 明日、仕事の前にフィットネスジムに行こうよ。
Let's h______ the gym before work tomorrow.

4. 全く同感です。
I couldn't a______ more.

5. それはどうだろう。話がうますぎると思うな。
I don't k______ about that. It sounds too good to be true.

6. 返金されないと思うけど、やってみる価値はあると思う。
I d______ you'll get a refund, but it's worth trying.

7. 気持ちは分かるよ。破局を乗り越えるのはつらいよね。
I f______ you. It's tough to get over a breakup.

8. 本気です。ワーキングホリデーに行きたいんです。
I m______ it. I want to go on a working holiday.

9. あなたに同感です。水泳は一番いい運動だと思います。
I'm w______ you. I think swimming is the best form of exercise.

10. そろそろ行かないと。
I've got to r______ .

11. 良い質問ですね。
That's a good q______ .

12. それに関するあなたのご見解は？
What are your v______ on that?

13. その計画をどう思いますか？
What's your t______ on the plan?

14. 自分で作ってみたらどう？
W______ not make it yourself?

15. その色だったら間違いないでしょう。
You can't go w______ with that color.

16. 休暇を楽しんでね。頑張ったんだから。
Enjoy your days off. You d______ it.

17. 言いたこと分かる？
You know what I m______ ?

Answers 2 回答例

1. I'm not looking for a particular brand, so anything will do.
2. Don't get me wrong.
3. Let's hit the gym before work tomorrow.
4. I couldn't agree more.
5. I don't know about that. It sounds too good to be true.
6. I doubt you'll get a refund, but it's worth trying.
7. I feel you. It's tough to get over a breakup.
8. I mean it. I want to go on a working holiday.
9. I'm with you. I think swimming is the best form of exercise.
10. I've got to run.
11. That's a good question.
12. What are your views on that?
13. What's your take on the plan?
14. Why not make it yourself?
15. You can't go wrong with that color.
16. Enjoy your days off. You deserve it.
17. You know what I mean?

Chapter 3

イメージで覚えたい表現40

40 Phrases Through Images

041

a pile of ~

track 081 英 日

□□□
1 I have to go through a pile of emails.

□□□
2 I don't know what to do with this pile of junk.

pileは物が積み重なって山のようになっている状態を表します。 a pile of laundry（洗濯物の山）、a pile of trash（ゴミの山）のように、一般的には a pile of ~ の形式が使われますが、a を this や that に代えて「この〜の山」「あの〜の山」のようにも言います。物理的に「山」になっていなくても、宿題や仕事が大量にたまっているような状況にも使うことができます。

山のような～

track 082 日 英

□□□

1 大量のメールを処理しなくてはいけない。

□□□

2 このガラクタの山、どうしていいか分からない。

1. **go through ~ には「～（文書など）に目を通す」「～（問題など）を検討する」といった意味があります。**
2. **junk は、役に立たない「ガラクタ、廃品」を意味します。**

動詞としての pile の使い方

1 pile

You can pile those magazines on this table.（その雑誌はこのテーブルに積み重ねておいていいよ）のように、pile には物を「積む」「重ねて置く」という意味があります。

2 pile up

「積み上がる」「たまる」という意味で、The trash is piling up.（ゴミがたまってきた）のように使います。雪が積もったり、お金が貯まったりといったさまざまな状況で使うことができます。また、I have a lot of homework piled up.（宿題がどっさりたまっている）のように、piled up として仕事や宿題などが「たまっている」ことを表せます。

042

all over the place

□□□
1 I travel all over the place for work.

□□□
2 I feel like the way I write is all over the place. I can’t focus on one idea.

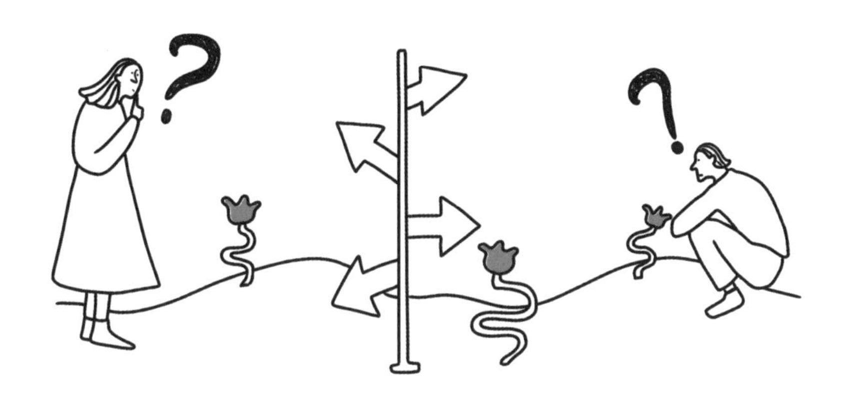

大きく分けて二つの使い方をします。一つ目は、場所がさまざまであることを表す使い方です。二つ目は「散乱」「乱雑」を表す使い方です。You leave things all over the place.（あなたはそこら中に物を散らかしておくね）のように物理的な意味で使うこともあれば、My mind is all over the place.（心が乱れて集中できない）のように使うこともあります。

あちこちに、そこらじゅうに散らかって

track 084 日 英

□□□
1 私は仕事でいろいろな場所へ行く。

□□□
2 私の書き方はまとまりがないように思う。一つのアイデアに集中できない。

1. for work（仕事で）は on business と言い換えることもできます。
2. focus on ~ は「～に（レンズの）焦点を合わせる」ことから転じて「～に注意を集中する」という意味で使われます。

「あちこち」を意味する表現

1　here and there

直訳すると「こことあそこ」になりますが、日常会話では「あちこち」や「所々」を意味します。物理的な「あちこちの場所」の意味で使うこともできれば、誰かと英語で会話をしていて「分かるところもあれば分からないところもある」と表現したい状況でも使われます。また、文脈によっては、I perform live here and there.（たまにライブ演奏をします）のように、「たまに」「時々」の意味で使われることもあります。

2　from place to place

travel from place to place（あちこち旅をする）のように、ある場所から別の場所へ頻繁に移動する意味合いの「あちこち」を表します。その他、vary from place to place（場所によって異なる）のように「場所ごとに」という意味もあります。

043

be in store for ~

track 085 英 日

□□□ 1 I wonder what's in store for me next year.

□□□ 2 Surprises are in store for readers of this book.

in storeは「蓄えてある、用意されている」から転じて、未来のことが「待ち受けている」ことを言う口語表現です。be in store for ~ で「これから~の身に起こるはずだ」という、be going to happen to ~ に近い意味になります。what is / what's in store for ~（~にどんなことが待ち受けているのか）というフレーズでよく使われます。

①〜の身に待ち受けている
②〜にこれから起こる

track 086 日 英

□□□

1 来年は私にとってどんな一年になるんだろう？

□□□

2 この本を読む読者たちには驚きが待っています。

1. **I wonderは「〜なのかな？」や「〜なんだろう？」のように遠回しに疑問を表す表現として使われます。**
2. **「この本を読むと驚きの展開が楽しめます」という意味の、本の紹介文です。**

in storeの使い方（応用）

1 have ~ in store for ...

「…のために〜を用意している」という意味の表現。We have a surprise in store for her.（彼女にサプライズを用意しています）のように、本人はまだ知らないことが用意されていることを言います。

2 what ~ has in store

the future（未来）、the new year（新しい年）などの、これから来る「時」を主語にして「〜が何を用意しているのか＝〜にはどんなことが待ち構えているのか」と期待を表すフレーズです。I'm excited for what the future has in store.（どんな未来になるのか楽しみです）のように使います。

044

before you know it

track 087 英 日

□□□ 1 Before you know it, your kids will be all grown up.

□□□ 2 I got wrapped up in work and before I knew it, it was midnight.

直訳で「あなたが知る前に」となるこの表現は、「あっという間に」や「いつの間にか」を意味し、文頭にも文末にも置くことができます。自分自身の話であれば、主語を I にした before I knew it も使えます。ただし、主語を I にするのは基本的に過去形で、個人的なことであっても未来について話す場合は before you know it が使われる傾向にあります。

あっという間に、いつの間にか

track 088 日))) 英

□□□
1 あっという間に子どもたちは大人になるよ。

□□□
2 仕事に没頭していたら、いつの間にか夜中になっていた。

1. grow up（成長する）を過去分詞にしたgrown upは「成長した、大人になった」という意味です。
2. get wrapped up in ~ は「～に包み込まれる」から転じて「周りが見えないほど入り込む、没頭する」という意味です。

「すぐに」を意味する表現

1 right off the bat

野球の打者がバットでボールを打った瞬間に一塁へ走り始めることに由来した表現で、「すぐに」や「即座に」を意味します。immediately や right away と同じ意味を持ちますが、より口語的な響きがあります。主にアメリカで使われる表現で、日常会話に限らずビジネスの場でも使える便利な言い回しです。

2 in a rush

in a hurry のより口語的な言い方で、急いでいることを強調するニュアンスが含まれます。「急いでいる」ことを be in a rush と言い、I'm in a rush.（急いでいるんです）のように使います。rush を使った表現には他にも、(There's) No rush.（急がなくてもいいですよ）、What's the rush?（何を急いでいるの？）、rush を動詞として使った Don't rush.（慌てないで）などがあります。

045

between you and me

☐☐☐

1 This is between you and me. I put together a surprise party for Megan.

☐☐☐

2 Can you keep this between you and me?

Key Point

直訳で「あなたと私の間」となるこの表現は、「君だけには言うけど」「ここだけの話」と他の人に聞かれたくない話を伝えるときに使います。 This is between you and me. や Between you and me.、Just between you and me. の形がよく使われます。between you and me の代わりに between us としてもOKです。

ここだけの話

track 090 日))) 英

1 ここだけの話だけど、メーガンのためにサプライズパーティーを企画したんだ。

2 ここだけの話にしてくれない？

1. put together ~ は「～（イベントなど）を企画する」という意味で使われます。
2. keep ~ between you and me（～をここだけの話にしておく、～を2人だけの秘密にする）もよく使われる形です。

話を切り出すフレーズ

1 Tell you what.

相手に何かを提案したり、自分の考えや意見をシェアしたりする状況で使われる前置き表現です。I have a suggestion. や I have an idea. と同じ意味を持ちますが、より口語的な響きがあります。例えば、「いい考えがある。今日は海に行こう」は Tell you what. Let's go to the beach today. という具合に言います。このフレーズは I tell you what. や I'll tell you what. のように言うこともありますが、日常会話ではシンプルに Tell you what. のように表現する方が一般的です。

2 Here's the thing.

これから言うことが重要であると強調したいとき、または困ったことや問題点を伝えるときに、前置きフレーズとして会話の出だしに用いられます。例えば、Here's the thing. I'm busy that day, and I can't go.（要は、その日は忙しくて行けないんだ）という具合に使います。「問題は」「つまり」「実は」などの日本語に相当し、使う状況によってニュアンスが若干変わりますが、「重要なのは次のことです」と覚えると分かりやすいでしょう。

046

call it a day

□□□
1 Let's call it a day and go home.

□□□
2 You look exhausted. Why don't you call it a day and finish it tomorrow?

「これで1日ということにする」、つまりその日の仕事などを「そこで切り上げる」「終わりにする」ことを意味します。Let's call it a day.（今日はここまでにしましょう）は、1日の仕事を終わらせるときに使われる決まり文句です。夜であればnightを使ってLet's call it a night.（今夜はここまでにしましょう）と言うこともあります。

①その日の仕事などを切り上げる
②終わりにする

track 092 日 英

□□□
1 今日はここまでにして、家に帰りましょう。

□□□
2 すごく疲れてるみたいだね。今日はここまでにして明日仕上げたら？

1. it は特定の何かを指すわけではなく、この表現の一部になっています。
2. ひどく疲れてくたくたな様子を exhausted と言います。

「終わる」「終わらせる」の表現

1 wrap up

その時に取り組んでいる事柄を「終わらせる」「切り上げる」ことを意味し、例えば、Let's wrap up the party.（パーティーをお開きにしよう）という具合に使われます。wrap it up のように wrap ~ up の語順になることもあります。

2 get it over with

あまりやりたくないことを「終わらせる」「さっさと片づける」というニュアンスが含まれ、例えば、I don't want to clean the house, but let's get it over with.（掃除はしたくないけどさっさと済ませてしまおう）のように使います。get my homework over with（宿題を片づける）のようにも言えますが、基本的にこのフレーズを使うときは内容を把握していることが多く、get it over with と表現するのが一般的です。

3 come to an end

endだけで「終わる」を意味しますが、come to an end には長く続いていたことが「終わりを迎える」というニュアンスがあります。coming to an end の形で使われることも多く、例えば、長いイベントが終盤に差し掛かったときに The event is coming to an end.（イベントが終わりに近づいています）のように使います。

047

down the line

track 093 英 日

□□□ 1 I want to serve as a volunteer somewhere down the line.

□□□ 2 Being able to speak English is going to help you down the line.

down the lineは「この先、将来」の意味で、in the future に置き換えて使える口語的な表現です。いつになるか分からないけれども「将来いつかは」と表現したい場合は somewhere down the line、具体的に「〜年後には」と示す場合は ~ years down the line と言います。

将来、いつか

track 094 日))) 英

□□□
1 いつかそのうち、ボランティア活動をしたいです。

□□□
2 英語が話せることは、将来的にあなたの助けになるでしょう。

1. serve as a volunteer は、直訳すると「ボランティアとして奉仕する」ですが、「ボランティア活動をする」という意味でよく使われる表現です。
2. ここでは、Being able to speak English が主語の働きをしています。

lineを使った表現

1 top-of-the-line

top-of-the-line は「最高級の」や「最上級の」を意味します。特に、ある商品が最高の品質だったり、最も高価だったりする意味合いを持ち、例えば、「このウイスキーは最高級品だ」は This whiskey is top-of-the-line.、「あのお店は最高級の家具を販売している」は That store sells top-of-the-line furniture. という具合に表します。

2 the bottom line

収支をまとめた損益計算書の一番下の行に計算結果が書かれていることから、「最終結果」を意味します。The bottom line is, ~.（結局は～だ）は、結論や要点を述べるときに使われるフレーズです。

early bird

□□□
1 You get up at 5 every morning? You're such an early bird!

□□□
2 There were early birds that showed up an hour early.

「早起きは三文の徳」に当たる英語のことわざ The early bird catches the worm. に由来する **early bird は、「早起きの人」や「早めに行動する人」「早めに到着する人」を指します。**

① 早起きの人
② 早めに行動をとる人、定刻より早く到着する人

track 096 日 英

□□□
1 毎朝5時に起きているの？ずいぶん早起きだね！

□□□
2 1時間も早く来た気の早い人たちがいました。

1. an early bird 全体を such が強調して「本当に早起き鳥だね」「ずいぶん早起きだね」と言っています。
2. show up は、集合場所などに「来る、現れる」ことを意味します。

関連表現

1 early-bird rate
早い時間に来店したり早い時期に予約を入れたりすると割引を受けられる「早割」は、early-bird rate/special/registration などと言います。旅行を予定していて早めにホテルを取ろうとしているなら、We'll get the early-bird rate if we book now.（今予約したら早期割引料金になるよ）と言うことができます。

2 night owl
owlは夜になると活発に動き回る「フクロウ」のこと。night owl は、夜になると元気になる「夜型人間」を表します。I'm more of a night owl. I'm terrible in the morning.（私はどちらかと言うと夜型のタイプです。朝は本当に苦手です）のように使います。

049

find oneself ~

track 097 英 日

□□□ **1** I find myself eating chocolate when I'm stressed out.

□□□ **2** After I graduated from grad school, I found myself in huge debt.

find oneself ~ は「自分が～な状態であることに気づく」という意味です。それまでは気づいていなかった、意図せずいつの間にかなっていた、という意味合いを表します。～部分に動詞のingを入れることが多く、「気づくと～をしている」「つい～をしてしまう」というニュアンスになります。

自分が〜であることに気づく

track 098 日 英

□□□
1 ストレスを抱えているときは、ついチョコレートを食べてしまいます。

□□□
2 大学院を卒業後、気がつけば多額の借金を抱えていました。

1. **stressed out で「ストレスでくたくたになった、ストレスがたまった」状態を表します。**
2. **graduate は動詞で「卒業する」という意味ですが、「学部卒業後の、大学院の」という形容詞にもなり、grad はその短縮形です。grad school で「大学院」を指します。**

「気づいたら」を表すフレーズ

1 catch oneself ~ing

「気づくと〜している」「思わず〜している」を意味します。特に、無意識にしていることにハッと気づくような状況で使われます。例えば、Sometimes I catch myself humming.（時々、気づくと鼻歌を歌っている）、I caught myself checking Instagram every few minutes.（数分おきにインスタを見ている自分がいた）のように使います。

2 the next thing ~ know

「気がついたら」や「いつの間にか」を意味する日常表現です。予測もしていなかったことが急に起こって驚いたり、意外な結果になったりしたときに使われることが多いです。自分の身に起こったことであれば the next thing I knew、一般的な話をする場合は the next thing you know と表現します。例えば、「めまいがして気がついたときには病院にいました」は I was feeling dizzy, and the next thing I knew, I was in the hospital.、「いつの間にか子どもは大人になっているよ」は The next thing you know, your kids are grown up. のように表します。

050

from scratch

□□□
1 My dad built this bookshelf from scratch. Pretty impressive, isn't it?

□□□
2 I started my business from scratch when I was 25 years old.

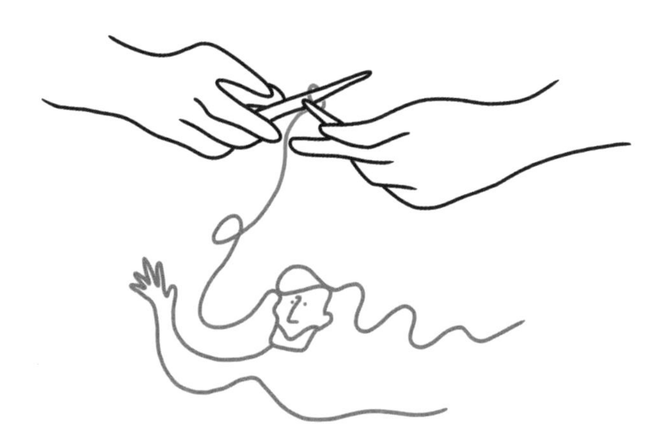

from scratchは「一から」や「最初から」、または「手作りで」を意味します。
何もないところからビジネスを立ち上げたり、材料を一からそろえて料理や工芸品を作ったり、既存のホームページ作成ツールを使わずにゼロからウェブサイトを作成したり、といった幅広い場面で使うことができます。

①一から、最初から
②手作りで

track 100 日 英

□□□
1 私の父がこの本棚を一から作ったんだ。すごくない？

□□□
2 25歳のときにゼロから会社を立ち上げました。

1. impressive は「印象的な」から「感銘を受けるような、素晴らしい」と褒めるときに使う形容詞です。
2. start one's business は「起業する」「会社を立ち上げる」などの日本語に相当します。

scratch を使った表現

1 scratch beneath the surface

直訳で「表面の下までひっかく」となるこの表現は、よく調べたり掘り下げたりして、表面には見えていない部分まで深く理解することを言います。例えば、英語をただの学校の教科と捉えている学生に対して、If you scratch beneath the surface, you'll find that English is more than a subject. It's a useful tool to communicate with people.（深く考えてみると、英語は単なる教科ではないことが分かります。人とコミュニケーションを取るための便利な道具です）のように伝えることができます。

2 Scratch that.

この scratch は間違えて書いたことを線で消す動作を表し、Scratch that. は「今言ったことは忘れて」や「今のはなしにして」など発言を撤回するフレーズです。例えば、Why don't we do the event at a park? Actually, scratch that. It's supposed to rain that day.（公園でイベントをやらない？あ、やっぱり今のはなし。その日は雨みたい）のように、カジュアルに発言を撤回するときに使われます。

051

get ~ out of the way

track 101 英 日

□□□
1 Don't put off your presentation. Work on it now and get it out of the way.

□□□
2 If I were you, I would get the hardest task out of the way first.

直訳で「邪魔な～をどかす」となるこの表現は、仕事や宿題、家事など面倒なことを「済ませる」「片づける」ことを意味します。困難なタスクや面倒なことをささっと終わらせることで、負担をなくすというニュアンスがあります。

～を済ませる

track 102 日))) 英

□□□
1 プレゼンを後回しにしない。今やって終わらせてしまいなさい。

□□□
2 私だったら一番難しい仕事を先に片づけます。

1. work on ~ は「～に取り組む」「～に取りかかる」という意味を表します。
2. If I were you は「もし私があなた（の立場）だったら」という仮定表現で、この場合は主語が I でも be動詞が were になります。

out of を使った表現

1 go out of one's way to ~

直訳で「～するために自分の道からそれて回り道をする」となるこの表現は、ある目的を果たすために格別に手間をかけることを表し、「わざわざ～する」を意味します。特に、人を喜ばせたり、率先して手伝ったり、もてなしたりするような状況で使われることが多く、例えば、道を尋ねた相手が目的地まで連れていってくれたとき、She went out of her way to take me to my destination.（彼女はわざわざ私を目的地まで連れていってくれた）のように言います。

2 pay ~ out of one's own pocket

ポケットに入っているお金を出して支払う動作を表し、「ポケットマネーから出す」「自腹で払う」を意味する日常表現です。pay ~ on your own の、より口語的な言い方です。「自己負担した費用」は out-of-pocket cost/expense と言います。

3 get out of debt

クレジットカードや学生ローンなど、「借金を全額返済し終える」ことを英語で get out of debt と表します。日本語の「借金から抜け出す」に相当する言い方です。

052

get caught up

track 103 英 日

□□□ 1 I got caught up in my work and completely lost track of time.

□□□ 2 Don't get too caught up on the details. See the bigger picture.

何かに夢中になったり、巻き込まれたり、とらわれたりするなど、物事に深く関わることを表す日常表現です。 get caught up in heavy traffic なら「渋滞に巻き込まれる」、get caught up in conversation なら「会話に夢中になる」、get caught up in the heat of the moment なら「その場の感情にとらわれる」ということです。

夢中になる、とらわれる

track 104 日 英

□□□
1 仕事に没頭していて時間を忘れてしまいました。

□□□
2 細かいことにこだわり過ぎないように。全体像を見るように。

1. **lose track of ~**は「~(の行方)を見失う」で、**lose track of time**は「時間の感覚がなくなる」「時のたつのを忘れる」という意味です。
2. **big picture**は、物事の「全体像」という意味。ここでは比較級で使われています。

catch upはこんなふうにも使われる

1 catch up on ~

仕事、勉強、読書、睡眠などの遅れや不足を取り戻す意味でよく使われます。「今週末は、たまっている仕事をかなり消化しないといけない」はI have to catch up on a lot of work this weekend. のように言います。

2 catch up

長い間会っていなかった人と、それまでの出来事や近況について話す意味としてもcatch upが使われます。一般的に、友達や同僚などに「直接会って話し合おう」というニュアンスで、メールや電話をする際によく用いられます。We need to catch up sometime. Let me know when you're in Tokyo again.(いつか直接会っていろいろ話したいね。また東京に来るときは連絡して)のように使います。

053

get into the habit of ~

track 105 英 日

□□□ 1 **This year, I'm going to get into the habit of getting up early.**

□□□ 2 **I got into the habit of journaling every day.**

運動や勉強などの良い習慣だけでなく、喫煙や夜更かしなど悪い習慣が身につくことを表現するときにも使います。I got into the habit of reading.（読書の習慣が身についた）のように、get in the habit of の後には一般的に動詞のing形が続きます。同じ意味を表す develop a habit of ~ の、より口語的な言い方です。

～する習慣が身につく

track 106 日 英

□□□

1 今年は早起きを習慣にするつもりです。

□□□

2 毎日、日記を書く習慣が身につきました。

1. I'm going to ~ は「～するつもりだ」という意志を表すことができます。
2. journal は名詞「日誌」から転じて、「日誌をつける」「日記を書く」という意味の動詞としても使われます。

関連表現

1 take up ~

新しい趣味を「始める」ときに使う表現です。楽器や料理、スポーツや芸術など、興味がわいた物事を始める状況で使われ、I want to take up (playing) guitar.（ギターを始めてみたい）、He took up golf(ing) when he was young.（彼は若い頃にゴルフを始めた）のように、take up の後には趣味を表す名詞や、動詞のingを入れることができます。take up ~ as a hobby（趣味として～を始める）のように表現することもできます。

2 second nature

何回も繰り返したり練習したりすることによって身についた、考えずとも自然にできる習慣を意味します。靴のひもを結んだり歯磨きをしたりという日常的な習慣に使うこともできれば、楽器を弾いたり人前で話したりなど、練習と経験を積み重ねて身につけるスキルに使うこともできます。例えば、Driving becomes second nature after a while.（運転は、しばらくすると考えなくてもできるようになります）のように使います。

054

go ahead

track 107 英 日

□□□
1 A: Can I ask a question?
B: Go ahead.

□□□
2 Oh, sorry. Please go ahead.

Key Point

「先へ進む」という意味の go ahead は、命令形でいろいろな状況で使われます。**一つは、ドアの出入りやエレベーターの乗り降りなどで他の人に「お先にどうぞ」と声をかける状況。もう一つは、何かの許可を求められたときに「どうぞ、いいですよ」という返答に使うパターン**。また、話し始めるタイミングが重なったときなど、相手に「どうぞ話を続けてください」と譲るときにも使えます。

どうぞ、いいですよ

track 108 日 英

1 A：質問してもいいですか？
B：どうぞ。

2 おっと失礼。どうぞ続けてください。

1. この Go ahead. は応諾の返答です。
2. 話が重なったときは、まず謝ってから Go ahead. と譲ると、礼儀正しい印象を与えます。

go aheadの使い方（応用）

1 go ahead and ~

go ahead and の後に動詞を続けて、「どんどん～する」「遠慮なく～する」という意味を表します。例えば、料理が出ているのに手をつけない人に、Go ahead and start eating before the food gets cold.（遠慮しないで料理が冷めないうちに食べ始めてください）と声をかけるなど、何かをするよう勧める状況で使うことができます。

2 go ahead with ~

go ahead with に名詞を続けて「～を進める」という意味になります。The board gave us the green light. We can go ahead with the project.（取締役会で承認が下りた。プロジェクトを進めてくれ）のような使い方ができます。

055

go all out

track 109 英 日

□□□ 1 It's the championship game today. Let's go all out.

□□□ 2 We are going to go all out for your birthday tonight!

何かに向けて自分が持つ全ての力を出し尽くすことを意味します。試験に向けて「全力で努力する」、スポーツの試合で「本気を出す」、プロジェクトに「全力を尽くす」といった状況で使われます。また、パーティーで来客に「盛大に振る舞う」、イベントなどの「準備に余念がない」ことにも使い、You went all out for this party. は「盛大なパーティーですね」と主催者にかける言葉になります。

全力を出す

track 110 日)))英

□□□
1 今日は決勝戦です。全力を尽くしましょう！

□□□
2 私たちは今夜あなたの誕生日を盛大に祝います！

1. championship game は「チャンピオンを決める試合」つまり「決勝戦」を指します。
2. 「あなたの誕生日のために全力を尽くす」つまり「誕生日を盛大に祝う」ということです。

allはこんなふうにも使われる

1 all the way
「最初から最後まで」「ずっと」という意味を持ち、I drove all the way.（私がずっと運転しました）のように使われます。I agree with you all the way. は「最初から最後まであなたに賛成だ」つまり「全面的に賛成します」という意味です。また、遠い距離の移動を表す、日本語の「（遠路）はるばる」や「わざわざ」に相当する使い方もします。

2 all about ~
大きく分けて二つの意味合いで使われます。一つ目は She knows all about Japanese history.（彼女は日本の歴史のことは何でも知っている）のように、「～に関する全て」という意味です。about の前に all を加えることによって「何でも」という部分が強調されます。二つ目は、「～が大切だ」「～が全てだ」という意味。例えば、成功について語るとき Success is all about working hard.（成功は努力が全てです）と言ったり、お金のことしか考えない人のことを He is all about money.（彼にとってお金が全てだ）と言ったりします。

056

go nowhere

track 111 英 日

□□□ 1 **Let's wrap it up for today. This meeting is going nowhere.**

□□□ 2 **She feels like her relationship with her boyfriend is going nowhere.**

直訳で「どこにも行かない」となるこの表現は、議論が「行き詰まる」、計画やプロジェクトが「暗礁に乗り上げる」といった意味で使われます。多くの時間や労力を費やしているにもかかわらず成果や進展が見られないニュアンスが含まれます。恋愛に行き詰まっている、会社での出世の道が閉ざされた、人生に行き詰まりを感じたといったときも使うことができます。go の代わりに get が使われることもよくあります。

らちが明かない、行き詰まる

track 112 日 英

□□□
1 今日はこれで終わりにしましょう。こんなミーティングをしていてもらちが明きません。

□□□
2 彼女は、彼氏との関係が行き詰まっているように感じています。

1. **wrap it up** は、今やっていることを「終わらせる」「切り上げる」という意味です。
2. 「〜はどこにもたどり着きそうにない」「〜はこの先どうにもならない」という意味合いで、進行形の **~ is going nowhere** の形がよく使われます。

goを使った表現

1 go on and on about ~

keep talking about ~ のより口語的な表現で、聞き手が興味のないことについて延々と話すことを意味します。go on about ~ とも言いますが、on and onで「長々と」が強調されます。「彼女はそのうわさ話を延々と続けた」は She went on and on about the gossip. と言います。

2 go off on a tangent

go off ~ は「〜から外れる」、tangent は数学の三角関数の「タンジェント（接線）」。直訳で「タンジェントから外れる」となるこの表現は「話が脱線する」ことを意味します。She always goes off on a tangent.（彼女はいつも話が脱線する）のように使います。fly off on a tangent とも言います。

3 go way back

way back は「ずっと昔」を意味し、go way backで「（関係が）ずっと昔にさかのぼる＝昔からの仲だ」という意味になります。go back a long way と表現することもあります。We go way back.（私たちは昔からの仲だ）は、We have been friends for a long time. の、より口語的な言い方です。

057

have to do with ~

track 113 英 日

□□□

1 **This problem has to do with money.**

□□□

2 **My New Year's resolution has to do with English.**

Key Point

have to do with ~ は「～と関係がある」「～に関連している」を意味し、二つのものの結びつきを表すときに使われます。同じ意味の表現に have something to do with ~ があり、反意表現は have nothing to do with ~（～とは関係がない）になります。

～と関係がある

track 114 日 英

□□□
1 この問題にはお金が関わっている。

□□□
2 私の新年の抱負は、英語に関することです。

1. 主語が3人称単数のときは has to do with ~ になります。
2. resolution は「決意」を意味する名詞で、New Year's resolution は「年頭にする決意」、いわゆる「新年の抱負」のことです。

have to do with ~ のバリエーション

1 あるかないかを問題にする
have something to do with ~ も「～に関係がある」という意味を表します。これを疑問文で使うときはsomethingの部分をanythingにします。「～とは関係がない」と否定する場合、not have anything to do with ~ や have nothing to do with ~ とします。

2 関係の程度を示す
「～とほとんど関係ない」は have little to do with ~、「～と大いに関係がある」はhave a lot to do with ~ または have everything to do with ~ のように、haveの後に入れる言葉で程度を表すことができます。

058

hit the spot

□□□ 1 This ramen hit the spot. I was really craving it.

□□□ 2 An ice cold beer would really hit the spot right now.

~ hit the spot は、求めていた飲食物を絶好のタイミングで口にできたときの喜びや幸せを示す表現で、「～は最高だ!」「～に大満足だ!」を意味します。極度の空腹時に運よくおいしいものにありつけたり、お風呂上がりに冷えたビールを飲んだりしたときに出てくるフレーズが、That (really) hit the spot!（これに限るね!）です。このときの hit は過去形です。

申し分ない、最高だ

track 116 日 英

□□□
1 このラーメン最高だった。これが食べたくて仕方なかったんだ。

□□□
2 今、キンキンに冷たいビールがあったら最高だよね。

1. crave は「～を切望する」「～が食べたくて・飲みたくて仕方がない」という強い欲求を表す動詞です。
2. wouldは「～だろうに」という仮定の意味合いを表しています。

hitを使った表現

1 hit the nail on the head

直訳で「(ハンマーで) 釘の頭を打つ」となるこの表現は、問題の本質的な部分や核心を突くことを表します。You (have) / You've hit the nail on the head. は日本語の「まさにその通り」に相当する言い方です。強調したい場合は、You (have) / You've hit the nail right on the head. のように right を加えます。

2 hit it off

出会った瞬間からすぐに仲良くなることを意味します。意気投合して友達になることにも、男女関係で気が合うことにも使うので、状況に応じて判断する必要があります。「～と意気投合した」は I hit it off with ~、「私たちは意気投合した」は We hit it off. と言います。"

059

in a row

track 117 英 日

□□□ 1 Is that three strikes in a row? That's a turkey!

□□□ 2 This is my fifth year in a row running the L.A. Marathon.

row は「列」を意味し、何かが立て続けに起こることを in a row と表現します。

「2回連続」は twice in a row、「3試合連続」は three games in a row、「5日間連続」は five days in a row のように表します。consecutively と同じ意味ですが、in a row の方がより口語的な表現になります。

立て続けに、連続で

track 118 日 英

□□□
1 3回連続でストライク？ターキーじゃん！

□□□
2 LAマラソンに参加するのは今年で5年連続です。

1. turkey（ターキー）は3連続ストライクを取ることを指すボウリング用語です。
2. in a row は first, second ... のような序数（「〜番目の」を表す数）とも組み合わせることができます。

「連続して」を意味するその他の表現

1 straight

straight も 何かが立て続けに起こることを表す日常表現です。「2回連続」 はtwo straight times または two times straight、「3日連続」 は three straight days または three days straight のように表し、straight の位置はどちらでもOKです。文脈によっては「休むことなくぶっ通しで」というニュアンスも含まれます。例えば「今日は10時間ぶっ通しで仕事をしました」はI worked 10 hours straight today. や I worked 10 straight hours today. と言います。

2 running

runには「流れる」という意味があり、runningは「流れるように」から「連続で」という意味で使われます。five days running（5日連続で）のように、期間を表す語句の後につけます。

060

in a sense

track 119 英 日

1 In a sense, technology is making life more complicated.

2 We were lucky nothing happened to us in a sense.

物の見方や解釈の仕方に関して「ある一面から捉えれば」という意味合いで、日本語の「ある意味」に相当する表現です。文頭でも文末でも使うことができます。sense の代わりに way を使った in a way も、ほぼ同じ意味になります。また、in that sense（そういう意味では）もよく使う表現です。

ある意味

track 120 日 → 英

□□□
1 ある意味、テクノロジーは人生をより複雑にしています。

□□□
2 ある意味では、私たちに何も起こらなくてラッキーでした。

1. complicated は「複雑な」「ややこしい」という意味です。
2. We were lucky that ~. で「～なのはラッキーだった」という意味で、ここでは that が省略されています。

自分が把握している範囲を伝える表現

1 from what I ~

「私が～したところでは～」と、自分の理解・把握していることを伝えるときの前置き表現です。空欄にはさまざまな動詞が入りますが、日常会話では、from what I understand/know（私が理解しているところでは）、from what I hear / I've heard（私の聞くところでは）、from what I see / I've seen（私の見たところでは）といったフレーズをよく耳にします。

2 as far as I ~

as far as は範囲の限度を表すフレーズです。日常会話では、as far as I know（私が知っている限りでは） や as far as I'm concerned（私に関する限りは、私としては）、as far as I can remember（私が覚えている限りでは）のように、知識や意見、記憶や視野の範囲を表現して使われる傾向があります。as far as I ~ は基本、文頭または文末で使われます。

061

in shape

track 121 英 日

□□□ 1 You're in shape. How often do you exercise?

□□□ 2 I feel like I'm gaining weight. I need to get in shape.

体が健康であること、運動をして体を鍛えている状態を表します。しかし、筋肉ムキムキのマッチョな人や引き締まった体の人だけに限らず、多少ぽっちゃり体型でも運動をしてすぐにはバテないような人ならHe/She is in shape.と表現することができます。be動詞の他、get in shape（体を鍛える）、stay in shape（健康［的な体型］を保つ）などの組み合わせでも使います。

健康的で

track 122 日 英

□□□
1 あなたは健康的ですね。どれくらいの頻度で運動しているんですか？

□□□
2 太ってきた気がする。運動して引き締めないと。

1. How often ~ ? は頻度を尋ねる質問です。
2. gain weight（体重が増える）はいわゆる「太る」の一般的な言い方。fat は使わないので注意しましょう。逆に「やせる」は lose weight と言います。

shapeを使った関連表現

1 out of shape

運動不足で不健康な様子を表すフレーズです。太っている人を He/She is out of shape. と言うこともありますが、どちらかというと運動してすぐに疲れる人、すぐに息切れしてしまうような人を表します。また、get out of shape で「運動不足になる、体力が衰える」という意味になります。

2 in good/bad shape

運動しているかどうかに関係なく、単に「元気だ / 元気ではない」「体調が良い / 悪い」を示す場合にも使われます。また、ビジネスなどの「調子が良い / 悪い」の意味としても用いることができます。good の代わりに great（とてもいい）や excellent（素晴らしい）、bad の代わりに terrible（ひどい）や horrible（恐ろしく悪い）などの形容詞を用いることもできます。

062

in the long run

track 123 英 日

□□□ 1 In the long run, paying for higher-quality products saves you money.

□□□ 2 Being able to speak English will benefit you in the long run.

in the long runは「長期的に見れば」を意味し、同じ意味のin the long termの、より口語的な言い方として使われます。今にとらわれず長期的に物事を考えたり、判断したりするときに使われる表現で、文頭または文末に置いて使われることが多いです。

長期的に見れば

track 124 日 英

□□□
1 長い目で見れば、高品質な製品にお金を払うことはお金の節約になります。

□□□
2 英語を話せることは、長い目で見れば有益です。

1. save ~ money は「~(人)にとってお金の節約になる」という意味の表現です。
2. benefit は「~に利益をもたらす」「~にとってプラスになる」という意味です。

「最終的に」を意味する表現

1 at last

多くの時間や労力を費やして何かが実現したときなどの、「やっと」「ようやく」を意味し、主に文頭や文末で使われます。finally と同じ意味を持ちますが、より口語的な響きがあります。例えば、1年以上かけてやっと仕事が見つかったときに I found a job at last. と言ったり、ネットで購入したものが数週間たってやっと届いたときに At last, my package has arrived. と言ったりします。

2 at the end of the day

直訳すると「一日の終わりに」ですが、日常会話では全てを考慮した上で重要な決断をしたり意見を述べる際に「結局のところ」や「最終的には」といった意味でよく使う言い回しです。in the end と同じ意味ですが、より口語的で、主に文頭で使われます。例えば、後輩にいろいろアドバイスをしたものの「最終的にはあなた次第ですよ」と言う場合は At the end of the day, it's up to you. と表現します。

063

It just goes to show that ~

track 125 英 日

□□□ 1 It just goes to show that persistence pays off in the end.

□□□ 2 It just goes to show that you can't trust everything you read on the internet.

go to show は「〜を証明する」の口語表現で、It just goes to show that ~ は「〜であることが証明される」「〜ということがよく分かる」という意味です。日常会話では、just のない形や、It (just) goes to show you that ~ と you を使った形、It の代わりに That を主語にした形など、いくつかバリエーションがあります。

〜だということがよく分かる

track 126 日 英

□□□
1 粘り強さが最後には実を結ぶということがよく分かります。

□□□
2 インターネットに書いてあることを何でも信用してはいけないということの証明になります。

1. **persistence** は「諦めずやり通すこと、粘り強さ」を意味します。**pay off** は「払った代償の分の見返りがある」から「報われる、成果が出る」という意味を表します。
2. **can't ~ everything** は「全てが〜できるわけではない」という部分否定です。

「判明する」を意味する表現

1 It turns out ~

turn out ~は「〜の結果になる」や「結局〜だと分かる」を意味し、物事が最終的にどうなるか、どうなったかと結果を伝えるときに使われます。特に日常会話では、It turns out (that) ~. の形で、判明した事実や研究結果などを伝える場合に使われることが多いです。また、It turns out to be ~. の形もよく使われ、曇ると思っていたのに晴れたときの It turned out to be a nice day.（結局いい天気になった）のように予想外の結果を表します。

2 Only time will tell.

直訳で「時間だけが教えてくれる」となるこの表現は、「時がたてば分かる」という意味になります。今やっていることや物事の結果は時間がたたないと分からない、というニュアンスになります。この表現は決まり文句として使われ、例えば「ガンは撲滅されると思いますか？」などと質問されたときに、「どうだろうね。時がたてばそのうち分かるよ」と返答する場合は I'm not sure. Only time will tell. と言います。

064

keep an eye on ~

track 127 英 日

□□□ 1 Can you keep an eye on my luggage while I go to the restroom?

□□□ 2 Make sure you keep an eye on your personal belongings at all times.

目を離さずに注意深く見張ったり、見守ったりすることを表します。物だけでなく人についても使われ、混雑した場所で「子どもたちから目を離さないでください」と念を押すときは、Make sure you keep an eye on the kids. のように表します。

～から目を離さない

track 128 日 英

□□□
1 トイレに行く間、荷物を見ておいてもらえますか？

□□□
2 常に所持品から目を離さないようにしてください。

1. **keep an eye on ~ は必ず単数形 eye で使われます。**
2. **personal belongings で、その人がそのとき持ち歩いている「手荷物、所持品」を表します。belongings は常に複数形で使われます。**

eyeを使った表現

1 eye-opening

特に、何か刺激的な経験をすることによって新しいこと知識や気づきを得て、自分の認識が変わるニュアンスが含まれます。日常会話では、an eye-opening experience（目からうろこが落ちるような経験）の組み合わせがよく使われます。

2 a real eye-opener

上記の an eye-opening experience や an eye-opening incident（ショッキングな事件）などを全て、シンプルに a real eye-opener（目を見張るような出来事）と表現することができます。real をつけずに an eye-opener とも言えますが、日常会話では a real eye-opener の組み合わせが一般的に使われます。

3 in the blink of an eye

blink は「瞬き」を意味します。in the blink of an eye は一瞬のうちに何かが起こったり、あっという間に過ぎてしまうような状況で使われます。例えば、ドアを開けた瞬間に猫が逃げてしまった場合は The cat was gone in the blink of an eye.（猫は一瞬でいなくなった）と言います。

065

kick the habit

track 129 英 日

1 I need to kick the habit of staying up late.

2 I'm trying to cut back on coffee. I want to eventually kick the habit altogether.

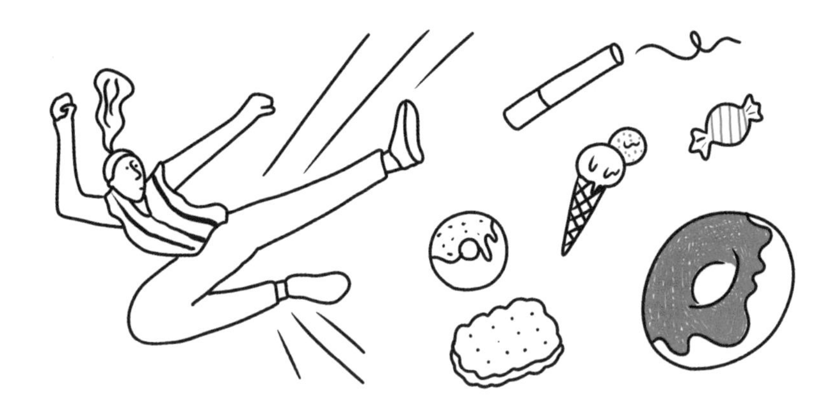

「悪い癖や習慣をやめる」ことを表します。kick the habit of smoking（タバコをやめる）、kick the habit of being late（遅刻する癖を改める）のように、ofと動詞のing形を続けて、やめたい悪い癖や習慣を具体的に言うこともできます。break the habit や get rid of the habit も日常会話でよく使われる言い方です。

習慣をやめる

track 130 日 英

□□□
1 夜更かしをする癖をやめなければいけません。

□□□
2 コーヒーを控えるようにしています。いずれは完全にやめようと思っています。

1. **stay up late** は「遅くまで起きている、夜更かしする」という意味の表現。
2. **cut back on ~** は、多く摂りすぎると良くないものを「控える」と言うときの表現。**eventually** は「最終的に、いずれ」、**altogether** は「完全に」という意味の副詞です。

kickを使った表現

1 kick oneself

直訳すると「自分自身を蹴る」となるこの表現は、ばかなことをした自分を責めたり、せっかくのチャンスを逃して後悔することを意味する表現です。例えば、航空チケットの購入を先延ばししようとしている友達に対して、You should buy it now. You'll be kicking yourself if it sells out next week.（今買った方がいいよ。来週になって売り切れてたら後悔するよ）という具合に使われます。

2 get a kick out of ~

「～を大いに楽しむ」という意味で、楽しみ・快感・スリルなどを大いに味わうことを表します。He gets a kick out of manzai.（彼は漫才が面白くて仕方がない）のように、笑って楽しんだり面白がってみたりする様子を表します。より強調したい場合は、real を加えて get a real kick out of ~ と言います。

066

mouth-watering

track 131 英 日

□□□
1 **The hamburger steak they serve is mouth-watering.**

□□□
2 **Just thinking about the kebab I ate in Turkey is making my mouth water.**

このwaterは「よだれが分泌される」ことを指し、mouth-wateringは、「おいしそうな」「食欲をそそる」を表す口語表現です。He makes mouth-watering pizza.（彼はおいしいピザを作る）のように、状況によっては「おいしい」という意味にもなります。また、make one's mouth waterで「よだれが出そうになる、食欲をそそる」を意味します。

おいしそうな、食欲をそそる

track 132 日 → 英

1 その店のハンバーグはとてもおいしそうだ。

2 トルコで食べたケバブのことを考えるだけで、よだれが出そう。

1. 「ハンバーグ」はhamburger steak または hamburg steak と言います。
2. make one's mouth water は直訳すると「口によだれを出させる」となります。

おいしい料理に使える表現

1 cooked to perfection

「完璧な調理状態で」という意味で、調理の仕方が完璧であることを表すときに使われます。例えば「ステーキの焼き加減は完璧だ」は The steak is cooked to perfection.、「このカルボナーラの仕上がりは完璧だ」は This carbonara is cooked to perfection. と言います。

2 as good as it gets

直訳で「これ以上良くならない」となるこの表現は、状況によって二つの異なる意味になります。一つ目は、文字通り何かが最高だったり、ベストであることを表す意味で使われます。例えば、来日客を東京の本格的な寿司屋に連れて行って This is as good as it gets. と言えば「ここの寿司はまさに最高です」という意味です。また、「これが限界の」という意味でも使われます。例えば、アメリカ内陸部の寿司屋で本格的な寿司がなくカリフォルニアロールのようなものしか提供されていない状況で、This is as good as it gets. と言えば、「ここで寿司といえばこれが限界です」というニュアンスになります。

067

not hurt to ~

track 133 英 日

□□□ 1 It doesn’t hurt to ask. She might be able to help you out.

□□□ 2 I know you like your job, but it doesn’t hurt to see what else is out there.

直訳すると「～をしても痛くない」ですが、「～しても問題ない、～したって損はない」という意味の表現。プラスの結果につながる可能性はあってもマイナスにはならない、というニュアンスで、「～するだけしてみたら？」と人に何か勧めたり提案したりするときによく使われます。日常会話では、It doesn’t/can’t/won’t hurt to ~ の形で使われ、どれを使っても意味は大きく変わりません。

～しても問題ない、損はない

track 134 日 英

□□□ 1 とりあえず聞いてみたら？もしかしたら彼女が助けてくれるかもしれないよ。

□□□ 2 今の仕事が好きなのは分かるけど、他にどんな仕事があるか見てみても悪くないんじゃないかな。

1. help ~ out は「～が出られるように手を貸す」から「～（困っている人）を助ける」という意味で使われます。

2. out there は「外」を漠然と示す表現で、ここでは「自分の会社の外」「広い世の中」といった意味合いです。

hurt はこんなふうにも使われる

1 hurt ~'s feelings

嘘をついたり、ひどいことを言ったり、裏切ったりして、相手の気持ちを傷つけ悲しませることを表します。例えば、Why did you lie to her? You really hurt her feelings.（なんで彼女に嘘をついたの？彼女をすごく傷つけてるよ）のように使います。

2 hurt ~'s chances

「チャンスをダメにする」という意味で使われます。例えば、才能のある高校球児がスキャンダルに巻き込まれた際、That incident is going to hurt his chances of getting drafted.（あの事件のせいで、彼のドラフト選抜のチャンスはダメになるだろう）という具合に使われます。この他、hurt ~'s image（イメージを落とす）、hurt ~'s reputation（評判を傷つける）などの表現もあります。

3 ~ hurts

体の痛みを訴えるときに使う ~ hurts.（～が痛い）は、精神的なダメージや、問題が発生してつらい気持ちを表現する際にもよく使われます。例えば、The fine for the speeding ticket hurts. I'm all out of money.（スピード違反の罰金が痛いな～。もうお金が全然ないよ）や、The truth hurts, doesn't it?（真実ってつらいものだよね？）のように使います。

068

Nothing beats ~.

track 135 英 日

□□□ **1** Nothing beats a hot pot on a cold winter day.

□□□ **2** It's $20 for all-you-can-eat sushi. Nothing beats that deal.

直訳で「～に勝るものはない」となるこの表現は、「～が一番」や「～が最高だ」を意味します。Nothing beats ramen on a cold day.（寒い日はラーメンに限る）のように、Nothing beats の後に一番だと思う対象が入ります。お得な商品やサービスに大満足したときに、Nothing beats that deal.（これ以上のお得な買い物はない）と言うこともできます。

～が一番だ。

track 136 日 → 英

1 寒い冬の日に食べる鍋は最高です。

2 お寿司の食べ放題が20ドルです。これ以上のお得はありません。

1. hot pot は「鍋料理」を指す英語表現です。

2. all you can eat（食べられるもの全て）は「食べ放題」に当たる英語表現です。all-you-can-eat とハイフンをつけると「食べ放題の」という形容詞になります。

一番を表す言い方

1 one of the ~ I've ever ...

「これまで…した中でも最高レベルの～」という意味で使われ、one of the の後には nicest guys やbest hamburgers のように形容詞の最上級と複数名詞の組み合わせが入り、I've ever の後には動詞の過去分詞が続きます。例えば、「彼は今まで出会った中で最も親切な人の一人だった」と言いたい場合は He was one of the nicest guys I've ever met. のように表現します。one of ~ という言い方なので他にも同じくらい優しい人に出会ったことにはなりますが、この表現は「必ずしも一番ではないがトップ3に入るくらいレベルが高い」というニュアンスがあります。

2 best in the business

ここで使われている business は「業界」を意味し、職人や歯医者、学校の先生や会計士などあらゆる職業、商品、サービスについて使うことができます。例えば、翻訳者を探している友人に有能な翻訳者を紹介するときに、You should contact Hiro. He's the best in the business.（ヒロに連絡するといいよ。彼は業界一だよ）と言うことができます。実際に「業界一」かどうかはともかく、「非常に優秀である」ことを表します。

069

off and on

track 137 英 日

1 It rained off and on all day today.

2 They've been dating off and on for about a year.

「オフになったりオンになったり」する状態が繰り返されることを表し、「断続的に」や「不定期に」を意味します。雨が降ったりやんだりする天候や、痛みが治まったりぶり返したりする状態、何かの活動をやめたり再開したりを繰り返すような状況でも使われます。on and off と言うことも一般的で、日常会話ではどちらを使っても問題ありません。

断続的に

track 138 日 英

□□□
1 今日は一日中、雨が降ったりやんだりしていました。

□□□
2 あの2人はここ1年ほど、付き合ったり別れたりを繰り返しています。

1. 「断続的に雨が降る」つまり「雨が降ったりやんだりする」ということです。
2. date（デートする）を進行形にした be dating で「付き合っている」という意味になります。

頻度を表す口語表現

1 hardly ever

「めったに～ない」「ほとんど～ない」を意味します。rarelyより頻度が少なく、ほぼ0%に近い状態を表します。hardlyだけでも「めったに～ない」を表しますが、頻度の少なさをより強調したいときにeverを加えましょう。

2 every now and then

この表現は「時々」何かをしたり、何かが起こったりすることを表します。意味と使い方はsometimesと同じですが、より口語的な表現です。一般的に文頭、または文末で使われます。

3 more often than not

この表現を直訳すると、「しばしばやらないよりはやる」になり、「普段よく」していることや「大抵」起こることに使うフレーズです。意味と使い方は usually と同じですが、より口語的な響きがあります。文頭または文末で使われる傾向があります。

4 almost always

直訳すると「ほとんどいつも」となります。「ほぼ必ず」や「ほとんどの場合」を表すインフォーマルでカジュアルな言い方です。always より頻度が若干低いですが、usually よりも頻度が高い状況で使われます。

070

on track

track 139 英 日

1 Are you on track to finish this course?

2 I've been slacking off lately. I need to get back on track and study English again.

track は鉄道の「線路」を意味することから、列車が線路を通って脱線せずに目的地に進むように、物事が計画通りに順調に進んでいることを on track と表現します。物事が「軌道に乗る」ことを get on track、一度停滞したことが「再び軌道に乗る」、脱線した話が「本題に戻る」ことを get back on track と表現します。

計画通りに進んで、順調で

track 140 日 → 英

1
このコース達成に向けて順調に進んでいますか？

2
最近サボり気味で。英語の勉強をまた軌道に乗せていかないと。

1. on track to として動詞を続けると「順調に～しつつある」という意味になります。
2. slack は、ロープなどが「ピンと張られていない、たるんだ」状態を表す形容詞ですが、これを動詞として使った slack off は「気が緩む」「サボる」という意味です。

「順調に進む」の他の言い回し

1 go smoothly
日本語の「スムーズに進む」に当たるフレーズです。うまく進んでいることは、Everything is going smoothly.（全て順調です）のように進行形で表現します。また、「順風満帆」を smooth sailing と表現します。My first year abroad was tough, but it was smooth sailing after that.（海外生活1年目は大変でしたが、その後は順風満帆でした）のように使います。

2 come along
「進歩する」こと、技術や能力が「上達する」ことを意味し、improve や progress の、より口語的な言い方になります。物事の進捗状況や進行具合を尋ねるときに使われる定番の質問が How is ~ coming along? です。現在の進行具合を尋ねたり伝えたりしているので、How is the event planning coming along?（イベント企画の進行具合はどうですか？）のように現在進行形を使います。

071

play it by ear

track 141 英 日

1 Should we make a reservation or just play it by ear?

2 I decided to play it by ear instead of taking a tour.

Key Point

この表現は本来、楽譜なしで耳で聞いて演奏する、いわゆる「耳コピ」を意味します。しかし日常会話では、**事前に準備した計画に従って進めるのではなく「その場の状況に応じて物事を進める」「その場の成り行きに任せて臨機応変に対応する」を意味して**、友達同士のカジュアルな会話からビジネスシーンまで幅広い状況でよく使われます。

成り行きに任せる、その場の状況に応じて対応する

track 142 日 英

1 予約した方がいいかな？それともその場で決める？

2 ツアーには参加せず、その場の成り行きに任せることにしました。

1. **reservation は「予約」、make a reservation で「予約する」という意味です。**
2. **instead of ~ は「～ではなく」と、別の選択をするときに使う表現です。**

関連表現

1 up in the air

直訳で「宙に浮いている」を意味する up in the air は、計画や予定が宙ぶらりんではっきりしていなかったり、何かが決まっていない状態を表す際に undecided の代わりに使える口語的な表現です。My plans for this trip are still up in the air.（今回の旅行の計画はまだ決めていません）のように still と組み合わせてよく使います。

2 go with the flow

将来のことや物事の成り行きなどを心配せず、身の周りで起こる出来事をありのまま受け入れ、流れに身を委ねることを意味する表現です。基本的にポジティブな意味合いとして使われます。また、周囲の行動や意見と調和を保つよう足並みをそろえる意味合いもあります。「流れに任せて～しよう」は Let's go with the flow and ~.、「彼は流れに身を委ねるタイプです」は He goes with the flow. と言います。

072

put oneself out there

track 143 英 日

1 She put herself out there by giving her speech in English.

2 I'm going to put myself out there and start my own YouTube channel.

直訳で「外に自分自身を置く」となるこの表現には、勇気を出して一歩を踏み出す、自分をさらけ出して挑戦することを表します。特に、自分の殻を破って何かにチャレンジしたり、自分にとって居心地の良い場所から抜け出して新しいことを始めたりするニュアンスがあります。例えば、人前で話すのが苦手な人がスピーチコンテストに出場したり、内気な人がパーティーで自ら進んで人に話しかけたりといった状況で使われます。

思い切ってやる

track 144 日 英

1 彼女は思い切って英語でスピーチをしました。

2 私は思い切ってYouTubeチャンネルを始めてみるつもりです。

1. put oneself out there by ~ing で、「〜することによって一歩踏み出した挑戦をする」「思い切って〜する」という意味になります。
2. put oneself out there and ~ という形でも「思い切って〜する」と言うことができます。

putを使った表現

1 put ~ out there

考えやアイデア、提案などを「口に出す」ことを表しますが、「ちょっと提案してみただけ」「試しに言ってみるけど」と、あまり真剣に受け止めなくてもいいというニュアンスが含まれます。I'm just going to put it out there. Why don't we go on a trip next month?（ちょっと提案だけど、来月、旅行に行かない？）のように、相手に軽く提案するときの前置きにしたり、Why don't we go on a trip next month? I'm just putting it out there. のように提案した後につけ加える使い方もできます。

2 put ~ together / put together ~

「〜を組み立てる」を意味し、put together ~ と put ~ together どちらの形でも使えます。イケアで買った「机を組み立てた」と言うときは、I put together the desk. または I put the desk together. どちらを使ってもOKです。その他、計画や企画をまとめたり（put together a plan）、グループやチームを結成したり（put together a team）といった状況でも使われます。

073

reach out to ~

track 145 英 日

□□□ 1 He is reaching out to kids in need in his community.

□□□ 2 If you have any questions or concerns, feel free to reach out to me.

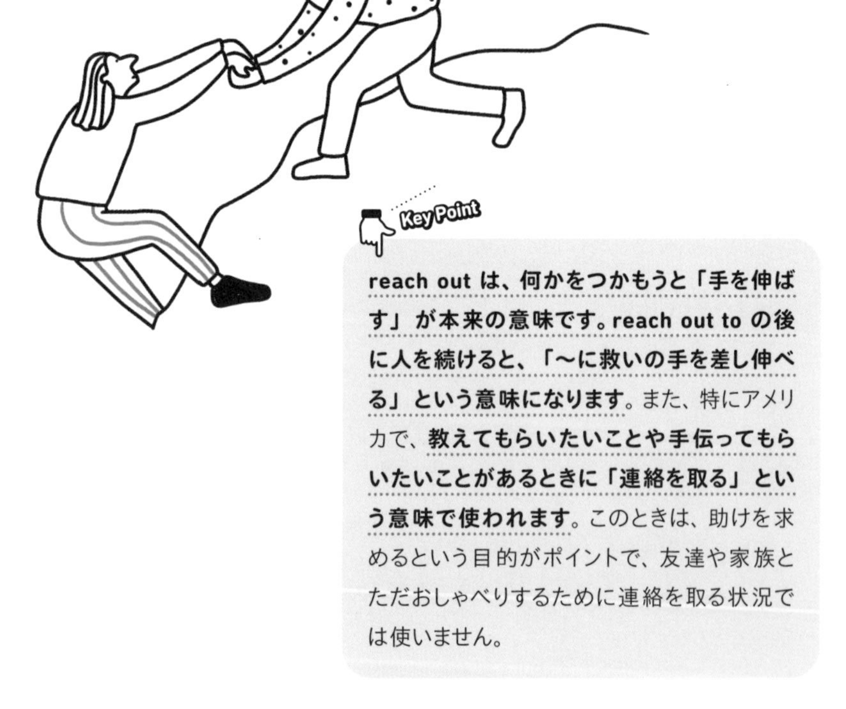

Key Point

reach out は、何かをつかもうと「手を伸ばす」が本来の意味です。reach out to の後に人を続けると、「～に救いの手を差し伸べる」という意味になります。また、特にアメリカで、**教えてもらいたいことや手伝ってもらいたいことがあるときに「連絡を取る」という意味で使われます。**このときは、助けを求めるという目的がポイントで、友達や家族とただおしゃべりするために連絡を取る状況では使いません。

①～に救いの手を差し伸べる
②～に連絡する

track 146 日 英

□□□
1 彼は地域の困窮している子どもたちに手を差し伸べている。

□□□
2 ご質問や懸念点がございましたら、お気軽にご連絡ください。

1. in need で「困っている、困窮している」状態を表します。
2. feel free to reach out to me/us は「お気軽にご連絡ください」を意味し、よく使われるフレーズです。

「助ける」「助けてもらう」を表す言い回し

1 need a hand

「手が必要」つまり「助けが必要」「手伝ってほしい」という意味。Do you need a hand?（お手伝いしましょうか？）や If you need a hand, let me know.（もし何か手伝ってほしいことがあれば言ってね）のように、手を貸す申し出をするときによく使います。

2 get ~ covered

直訳で「～（人）をカバーする」となるこの表現は、誰かをサポートしたり、手伝ったりすることを意味します。例えば、英語でのプレゼンを目前に控え緊張している同僚に「心配しないで。私がサポートするから」と言う場合は、Don't worry. I've got you covered. と表現します。また、got ~ covered として～に物事を入れると、「～の手配の済んだ」「～の対処をした」という意味にもなります。友達に「レストランの予約してくれた？」と聞かれたら I've got that covered.（手配済みだよ）のように返答することができます。

074

see oneself as ~

track 147 英 日

□□□ 1 I see myself as someone with a strong sense of responsibility.

□□□ 2 I see myself as a laid-back person with a sense of humor.

see A as Bは「BをAと見なす」「BをAだと考える」。see oneself as ~ で「自分自身を～と見なす」「自分のことを～だと思う」という意味になり、日本語の「セルフイメージ」に近いものを表します。ポジティブに「自認する、自負する」という場合にも、自己評価が低い場合にも使えます。

自分自身を～だと思う

track 148 日 英

□□□
1 私は自分のことを責任感の強い人だと思っています。

□□□
2 私は自分を、おおらかでユーモアのセンスがある人間だと思っています。

1. **someone は「(～な) 人」という意味で、自分の話をする場合にも使えます。**
2. **lay back (背もたれに寄りかかる、リラックスする) から派生した laid-back は「リラックスした」状態や、「堅苦しくない、おおらかな」人を表します。**

セルフイメージを語る表現

1　Where do you see yourself in ~ years?

アメリカで仕事の面接での定番の質問が Where do you see yourself in 10 years? (10年後の自分はどうなっていると思いますか?) です。場所を尋ねているのではなく、「どんな状況・環境の中にある自分の姿をイメージしていますか」という、全体的な未来設計を尋ねる質問です。こう聞かれたら、I see myself married with three kids, running my own business. (結婚をして子どもが3人いて、自分のビジネスを経営していると思います) という具合に、自分の将来像について、基本、何を語ってもOKです。

2　consider oneself ~

「自分を～だと考える」という意味。自分の性格や性質、能力やスキルなどについて話す際に、I consider myself a responsible person. (自分は責任感のある人間だと思っています) のように言います。consider oneself lucky/fortunate は「自分が運がいいと思う」という意味の定型フレーズです。

075

show ~ a good time

track 149 英 日

□□□ 1 Let me know when you come to Tokyo. I'll show you a good time.

□□□ 2 Thanks for showing me a great time. It was an unforgettable trip.

直訳は「(人に) 良い時間を見せる」となるこの表現は、相手が楽しい時間を過ごせるよういろいろと手配することを表し、日本語の「もてなす」に近い意味合いがあります。例えば、日本に遊びに来る海外在住の友達に I'll show you a good time. と言うと、日本の観光名所やおいしい和食店などへ案内することを意味します。good の代わりに great や amazing などを使ってもOKです。

訪問者が楽しい時間を過ごせるよう いろいろと手配する

track 150 日 英

□□□
1 東京に来るときは教えてね。楽しく過ごせるよう案内するよ。

□□□
2 素晴らしいおもてなしをありがとうございました。忘れられない旅行になりました。

1. let me know は「知らせてください」「連絡してください」という意味でとてもよく使われる表現です。
2. unforgettable は「忘れることのできない」という意味の形容詞です。

関連表現

1 hospitality

hospitality は日本語の「おもてなし」に最も近い表現でしょう。訪問者を快く歓迎し、ごちそうを出したり、親切にお世話をして手厚くもてなすことを表します。例えば、「おもてなしを頂きありがとうございました。」は Thank you for your hospitality. と言います。「おもてなし」の度合いをより強調したいときは generous/warm hospitality のように表現します。また、ホテルや旅行会社、レストランなど接客業やサービス業のことを hospitality industry と言います。

2 show ~ around

直訳すると「～(人)に場所を見せて回る」こと、つまり「～を案内する」という意味です。I'll show you around the town.（私が町の案内をしましょう）のように around の後に案内する場所を続けて言うこともできますし、Thank you for showing me around.（案内してくれてありがとう）のように、場所をつけずにシンプルに使うこともできます。

076

stay on top of ~

□□□
1 You have a hectic schedule. How do you stay on top of things?

□□□
2 I try to stay on top of the latest technology trends.

Key Point

be in control of ~ の代わりに使える、より口語的な表現です。**遅れを取らないように最新の事情や状況、スケジュールなどをしっかり「把握する」ことを意味し、ビジネスの場でもよく使われます。**「物事・状況を把握する」は stay on top of things、「自分の仕事を把握する」は stay on top of my work と表現します。

～を把握する

track 152 日 英

□□□
1 過密なスケジュールですね。どうやって物事を把握しているんですか？

□□□
2 私は最新のテクノロジートレンドを把握するようにしています。

1. **hectic は「非常に忙しい、目まぐるしい」という意味で、have a hectic schedule で「スケジュールが過密である」ことを表します。**
2. **stay on top of の後に the latest ~（最新の～）が続くパターンもよくあります。**

「コントロール」を意味する表現

1　take the wheel

wheelは車の「ハンドル」のことです。この表現は、文字通り「ハンドルを握る」つまり「運転する」ことを意味して使われる他に、「コントロールする」「取り仕切る」という比喩的な意味でも使われます。例えば、会社で同僚の山田さんがイベントを取り仕切っている場合は、Mr. Yamada is taking the wheel of the event. と言うことができます。この表現は take control と意味や使い方はほぼ同じですが、より口語的な響きがあります。

2　in the driver's seat

直訳で「運転席にいて」となるこの表現は、運転手がハンドルを握って車を操作することを表しますが、日常会話では「物事をコントロールする立場にいる」「主導権を握っている」ことを意味します。例えば、「彼女が主導権を握っています」は She's in the driver's seat.、「彼がこのプロジェクトを管理している」は He's in the driver's seat for this project. のように表現します。

077

still have a ways to go

track 153 英))) 日

□□□ 1 We still have a ways to go until we get to Las Vegas.

□□□ 2 I feel like my English is improving, but I still have a ways to go.

a ways to go は a long way(s) to go のくだけた言い方で、**still have a ways to go で「まだまだ道のりが長い」ことを意味する口語表現です**。ある場所までの距離が遠いことや、目標に到達するまでの道のりがまだまだ長いという意味合いで使われます。冠詞 a と複数名詞 ways の組み合わせは文法的には誤りですが、アメリカ人の日常会話ではよく使われる言い方です。

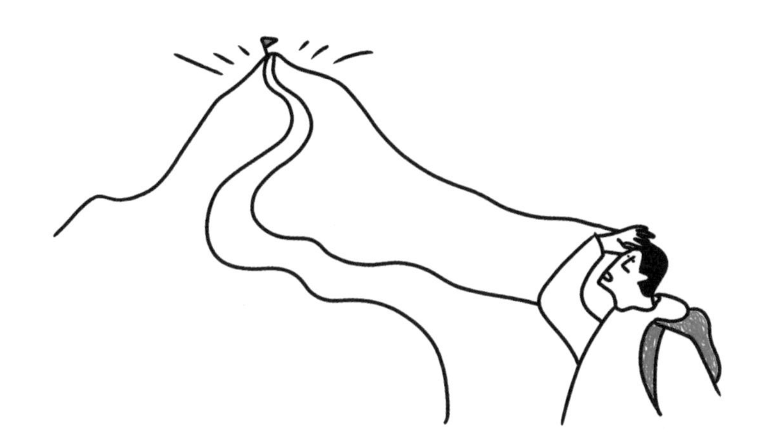

まだまだ道のりは長い

track 154 日 英

1 ラスベガスにたどり着くまで、まだまだです。

2 英語が上達しているようには感じますが、まだまだ道のりは長いです。

1. get to ~ は「~に到着する」という意味です。
2. feel like ~ は「~なようにに感じられる」「~な気がする」と言うときに使います。

way to goはこんなふうにも使われる

1 Way to go!

「いいぞ!」「その調子!」という、Good job! に近い意味合いで、もともとはスポーツで良いプレーをした選手に対するかけ声です。今ではスポーツに限らず、努力して目標を達成した人に対する褒め言葉・励まし言葉として使われています。またアメリカ人は、何か失敗を犯した人に「やってくれたね…」のような皮肉った意味で使う場合もあります。

2 the way to go

A nabe party with your friends in the winter is the way to go!(冬は友達と鍋パーティーをするのがベストだ!)のように、方法や手段などが「ベストだ」という意味で使います。この場合は、way の前に必ず the が入ります。only を加えて the only way to go とすると、「それしかない」「それに尽きる」と強調した表現になります。

078

take ~ seriously

track 155 英 日

□□□ **1** Many Spanish people are passionate about soccer and take it seriously.

□□□ **2** Festivals are a big part of our culture, and it's a tradition we take seriously.

Key Point

人のアドバイスや批判を重く受け止めたり、仕事に真剣に取り組んだりすることを表すこともあれば、イベントを本気で開催し楽しむ様子を表すこともできます。否定形の don't take ~ seriously もよく使われますが、「真剣に取り組んでいない」という文字通りの意味の他、「深刻に捉え過ぎず余裕を持って楽しんでいる」のような意味合いで使われることもあります。

～を真剣に受け止める

track 156 日 英

1 多くのスペイン人はサッカーに情熱を注ぎ、真剣に取り組んでいます。

2 お祭りは私たちの文化の重要な一部であり、大切にしている伝統です。

1. passionate は「情熱的な、熱意を注いでいる」という様子を表します。
2. この文の take ~ seriously の ~ 部分は、a tradition です。

serious を使った表現

1 be serious about ~

何かについて真剣に考えたり、物事に本気で取り組んだり、相手のことを恋愛対象として真剣に考えることを意味するフレーズで、I'm serious about changing jobs.（本気で転職を考えています）、He is serious about her.（彼は彼女のことを真剣に考えています）という具合に使います。「大真面目です」のように真剣であることをよりを強調したいときは、be dead serious about ~ のように表現します。

2 in all seriousness

真剣に聞いてほしい話の前置きとして、「真面目な話、冗談抜きで」などの意味で、特に軽い話から真面目な話に移るときなどによく使われます。例えば、英会話についておしゃべりしているとき、I've lived in the U.S. for over 10 years, and I still can't speak English. In all seriousness though, no matter where you live here, you have to speak English every day.（私はアメリカに10年以上住んでいますが、いまだに英語を話すことができません。でも真面目な話、どこに住んでいても、毎日英語を話さないといけないんです）という具合に使われます。

079

There is something about ~ that ...

track 157 英 日

1 There is something about him that I don't trust.

2 There's something about this place that makes me feel relaxed.

Key Point

はっきりとは分からないが「〜には何かある、引っかかりを感じる」ことを言う表現。that以下はどう引っかかるかの説明です。「彼はなんだか怪しい」は、There's something about him that's fishy. と言えます。また、There is something fishy about him.のように、somethingの後ろに形容詞を入れることもできます。

～にはなんとなく…なところがある。
～はなんとなく…に思える。

track 158 日))) 英

1 彼のことはなんとなく信用できないんだよね。

2 この場所はなんだか居心地が良いんだよね。

1. that 以下が something を形容しています。
2. relaxedは「居心地が良い、落ち着く」という意味です。

「なんとなく感じる」を意味する表現

1 I have a ~ feeling

なぜだか分からないが「～のような気がする」や「～の予感がする」を意味する表現です。「うまくいきそうな気がする」は I have a good feeling about this.、「嫌な予感がする」は I have a bad feeling about this.、「変な感じがする」は I have a weird feeling about this. のように、feeling の前に形容詞を入れることができます。

2 half-expect

直訳で「半分期待する」となるこの表現は、何かを「うすうす感じる」「なんとなくそうではないかと思う」という状況で使われます。特に、「～するんじゃないかなと思ってた」のように過去形で使われることが多く、例えば、ハロウィンパーティーが中止になったと聞いたときに、I was half-expecting the Halloween party to get canceled.（ハロウィンパーティーが中止になるんじゃないかなと思ってたんだ）という具合に使われます。

080

wing it

track 159 英 日

1 Did you prepare for the speech, or are you going to wing it?

2 Let's just wing it and see where the day takes us.

Key Point

準備をせずにぶっつけ本番でプレゼンやスピーチをしたり、計画を立てずに旅行に出るなど、何かを「即興でする」「思いつきのまま行動する」ことを意味します。基本的にはポジティブな意味で使われますが、明らかに準備不足であることを表す場合にも使われます。wing は「舞台袖」を意味し、代役俳優が舞台袖で台本を渡されぶっつけ本番で演技することに由来します。

① 即興でやる
② 思いつきのまま行動する

track 160 日 英

□□□
1 スピーチの準備はしたの？
それとも即興でやるの？

□□□
2 どんな1日になるか成り行きに任せてみよう。

1. wing the speech のようには言わず、wing it が定型表現です。
2. where the day takes us は直訳すると「その日が私たちをどこに連れていくか」ですが、この場合の where は場所というより置かれる状況や事態を指し、「その日の成り行きでどんなことになるのか」という意味になります。

似た意味の表現

1 on the fly

直訳は「飛行中」となるこの表現は、野球選手がフライボールをキャッチした直後にどのベースに投げるかを判断しないといけないことに由来しています。時間の余裕がなく、大急ぎで決断しないといけなかったり、すぐにやらなければいけないような状況で使われます。「その場で決めた」は decide on the fly、「その場で～を考えた」は come up with ~ on the fly、「やりながら学ぶ」は learn on the fly のように表現します。

2 as ~ go along

直訳で「～が進んでいくにつれて」となるこの表現は、物事を進めながら考えたり覚えたりする状況を表します。「やっていくうちに覚えるよ」は You'll learn as you go along.、「その場で何とかしよう」なら I'll make it up as I go along. のように、～に入る主語を適宜変えて使います。

Let's try!

Exercises 3

日本語訳に合うように空欄に適切な語を入れて英文を完成させましょう。

1. 大量のメールを処理しなくてはいけない。
I have to go through a p______ of emails.

2. 私は仕事でいろいろな場所へ行く。
I travel all over the p______ for work.

3. 来年は私にとってどんな一年になるんだろう？
I wonder what's in s______ for me next year.

4. あっという間に子どもたちは大人になるよ。
B______ you know it, your kids will be all grown up.

5. ここだけの話にしてくれない？
Can you keep this b______ you and me?

6. 今日はここまでにして、家に帰りましょう。
Let's c______ it a day and go home.

7. いつかそのうち、ボランティア活動をしたいです。
I want to serve as a volunteer somewhere d______ the line.

8. ずいぶん早起きだね！
You're such an early b______!

9. ストレスを抱えているときは、ついチョコレートを食べてしまいます。
I f______ myself eating chocolate when I'm stressed out.

10. 25歳のときにゼロから会社を立ち上げました。
I started my business from s______ when I was 25 years old.

11. 私だったら一番難しい仕事を先に片づけます。

If I were you, I would get the hardest task out of the w______ first.

12. 仕事に没頭していて時間を忘れてしまいました。

I got c______ up in my work and completely lost track of time.

13. 今年は早起きを習慣にするつもりです。

This year, I'm going to get into the h______ of getting up early.

14. おっと失礼。どうぞ続けてください。

Oh, sorry. Please go a______ .

15. 今日は決勝戦です。全力を尽くしましょう!

It's the championship game today. Let's go a______ out.

16. こんなミーティングをしていてもらちが明きません。

This meeting is going n______ .

17. この問題にはお金が関わっている。

This problem h______ to do with money.

18. 今、キンキンに冷たいビールがあったら最高だよね。

An ice cold beer would really h______ the spot right now.

19. 3回連続でストライク?ターキーじゃん!

Is that three strikes in a r______ ? That's a turkey!

20. ある意味、テクノロジーは人生をより複雑にしています。

In a s______ , technology is making life more complicated.

21. あなたは健康的ですね

You're in s______ .

Exercises 3

22. 英語を話せることは、長い目で見れば有益です。

Being able to speak English will benefit you in the long r______ .

23. 粘り強さが最後には実を結ぶということがよく分かります。

It just goes to s______ that persistence pays off in the end.

24. トイレに行く間、荷物を見ておいてもらえますか?

Can you keep an e______ on my luggage while I go to the restroom?

25. 夜更かしをする癖をやめなければいけません。

I need to k______ the habit of staying up late.

26. その店のハンバーグはとてもおいしそうだ。

The hamburger steak they serve is mouth-w__________ .

27. とりあえず聞いてみたら?

It doesn't h______ to ask.

28. 寒い冬の日に食べる鍋は最高です。

Nothing b______ a hot pot on a cold winter day.

29. 今日は一日中、雨が降ったりやんだりしていました。

It rained off a______ on all day today.

30. このコース達成に向けて順調に進んでいますか?

Are you on t______ to finish this course?

31. 予約した方がいいかな?それともその場で決める?

Should we make a reservation or just play it by e______ ?

32. 私は思い切ってYouTubeチャンネルを始めてみるつもりです。

I'm going to p______ myself out there and start my own YouTube channel.

33. ご質問や懸念点がございましたら、お気軽にご連絡ください。

If you have any questions or concerns, feel free to r______ out to me.

34. 私は自分のことを責任感の強い人だと思っています。

I s______ myself as someone with a strong sense of responsibility.

35. 素晴らしいおもてなしをありがとうございました。

Thanks for s______ me a great time.

36. 私は最新のテクノロジートレンドを把握するようにしています。

I try to s______ on top of the latest technology trends.

37. ラスベガスにたどり着くまで、まだまだです。

We still h______ a ways to go until we get to Las Vegas.

38. 多くのスペイン人はサッカーに情熱を注ぎ、真剣に取り組んでいます。

Many Spanish people are passionate about soccer and take it s______ .

39. 彼のことはなんとなく信用できないんだよね。

There is s______ about him that I don't trust.

40. どんな1日になるか成り行きに任せてみよう。

Let's just w______ it and see where the day takes us.

Answers 3 回答例

1. I have to go through a pile of emails.
2. I travel all over the place for work.
3. I wonder what's in store for me next year.
4. Before you know it, your kids will be all grown up.
5. Can you keep this between you and me?
6. Let's call it a day and go home.
7. I want to serve as a volunteer somewhere down the line.
8. You're such an early bird!
9. I find myself eating chocolate when I'm stressed out.
10. I started my business from scratch when I was 25 years old.
11. If I were you, I would get the hardest task out of the way first.
12. I got caught up in my work and completely lost track of time.
13. This year, I'm going to get into the habit of getting up early.
14. Oh, sorry. Please go ahead.
15. It's the championship game today. Let's go all out.
16. This meeting is going nowhere.
17. This problem has to do with money.
18. An ice cold beer would really hit the spot right now.
19. Is that three strikes in a row? That's a turkey!
20. In a sense, technology is making life more complicated.
21. You're in shape.
22. Being able to speak English will benefit you in the long run.
23. It just goes to show that persistence pays off in the end.
24. Can you keep an eye on my luggage while I go to the restroom?
25. I need to kick the habit of staying up late.
26. The hamburger steak they serve is mouth-watering.
27. It doesn't hurt to ask.
28. Nothing beats a hot pot on a cold winter day.
29. It rained off and on all day today.
30. Are you on track to finish this course?
31. Should we make a reservation or just play it by ear?
32. I'm going to put myself out there and start my own YouTube channel.
33. If you have any questions or concerns, feel free to reach out to me.
34. I see myself as someone with a strong sense of responsibility.
35. Thanks for showing me a great time.
36. I try to stay on top of the latest technology trends.
37. We still have a ways to go until we get to Las Vegas.
38. Many Spanish people are passionate about soccer and take it seriously.
39. There is something about him that I don't trust.
40. Let's just wing it and see where the day takes us.

Chapter 4

上級レベルの慣用句 21

21 Advanced English Idioms

081

be in the same boat

track 161 英 日

□□□ 1 Since we're in the same boat, we should help each other out.

□□□ 2 I'm in the same boat as you. I don't have any money, either.

直訳すると「同じ船に乗っている」となるこの表現は、お互いに「同じ境遇にある」ことを意味し、困難な状況やあまり好ましくない状況など、ネガティブなニュアンスで使われます。小さな船に乗って航海をする船客全員が同じリスクを負っていることに由来した表現です。会社の同僚やクラスメイトが全員共通の問題に直面しているときや、相手の苦労や困難などに「私も同じだ」と共感を示したいときにこの表現が使えます。

同じ境遇にある

track 162 日 英

1 私たちは同じ境遇なんだから、お互いに助け合った方がいいよ。

2 僕も君と同じ状況だよ。僕もお金がない。

1. we're (all) in the same boat は「私たちは（全員）同じ立場だ」という意味でよく使われるフレーズです。
2. 「〜と同じ境遇にある」と言いたいときは、in the same boat as ~ とします。

難しい状況を受け入れる表現

1 Let's face it.

face は何かに「顔を向ける」ことから、「向き合う」「直視する」という意味の動詞です。Let's face it. は「事実を受け止めよう」「現実を直視しよう」という意味で、特に受け入れ難い現実と向き合わなければならない状況で使われます。基本的に Let's face it. の形で使われるのでこのまま覚えるといいでしょう。この表現は Let's be honest. の代わりに使える口語的な表現です。

2 It is what it is.

変えたくても変えられない現実や、どうすることもできない困難な状況を受け入れざるを得ない場合に使われる決まり文句です。日本語の「しょうがない」や「どうしようもない」に相当します。例えば、家族がいるにもかかわらず単身で海外赴任をしなければならない、コロナのせいで大学時代に留学できなかったなど、受け入れるしかない現実や変えられない過去について表すような状況で、I couldn't study abroad because of COVID. It is what it is.（コロナのせいで留学できなかった。しょうがないね）のように使います。

082

be on the fence

track 163 英 日

□□□ 1 **I haven't decided yet. I'm still on the fence about it.**

□□□ 2 **I'm still on the fence whether to go or not.**

塀の上に座っている人が、左右どちらに飛び降りるか悩んでいる姿をイメージすると分かりやすいでしょう。sit on the fence が正しい用法ですが、会話では be on the fence がよく使われます。I'm still on the fence. は I'm undecided. よりも口語的で、「決めかねている」「迷う」「悩む」などの意味で日常的に使われています。

迷う

track 164 日 英

1 まだ決めていません。まだ迷っています。

2 行くかどうかまだ迷っています。

1. I'm still on the fence の後に about it/that をつけた形もよく使われます。
2. 迷っている内容を whether ~ or ... (～か…か) で表すこともできます。

最悪・最良を想定する

1 If all else fails, ~

直訳で「他全部が失敗したら」となるこの表現は、全ての手段や方法、選択肢や計画がうまくいかず最終手段を取らないといけないことを想定する表現で、「最悪の場合～」や「それでもダメなら～」を意味します。例えば、夏に予定していた留学が頓挫しそうな状況で「最悪の場合、来年まで待つよ」と言う場合は、If all else fails, I'll just wait until next year. のように表現します。If all else failsは基本的に文頭で使われます。

2 the best-case scenario

直訳で「最良のシナリオ」となるこの表現は、理想的な結果を想定して、「最高の筋書き」や「一番の理想」を意味します。That's the best-case scenario. (そうなってくれるなら一番理想的だよ) はよく使われるセットフレーズです。The best-case scenario is ~ や In the best-case scenario, ~ として「～が最も理想だ」と表現することもあります。例えば、「イベントが完売するのが最も理想だ」は The best-case scenario is the event sells out. または In the best-case scenario, the event sells out. のように表現します。

083

be over the moon

track 165 英 日

1 I was over the moon when I won the speech contest.

---

2 How could I forget? I was over the moon when I published my first book.

「月を越えるような」という言い方で「とてもうれしい」「すごく幸せである」ことを表すこのフレーズは、日本語の「天にも昇るような」や「有頂天の」にも近い表現で、very happy に置き換えて使うことができます。一般的にイギリスで使われる口語表現ですが、アメリカ人に対して使っても特に違和感はありません。

うれしくてたまらない

track 166 日 英

□□□
1 スピーチコンテストで優勝したときは、天にも昇る心地でした。

□□□
2 忘れるわけないよ。初めて本を出版したときは、うれしくてたまらなかったんだ。

1. won は win の過去形。win はコンテストなどの場合「優勝する」ことを意味します。
2. How could I ~? は「どうして〜することができるだろうか」つまり「〜するなんてできるわけない」と強く否定する表現です。

快諾するときの表現

1 By all means.

提案や申し出を受けたり、許可を求められたりした際に、「もちろん」や「ぜひどうぞ」のように快諾する表現です。Of course. と意味と使い方は同じですが、「遠慮なくどうぞ」のような丁寧でフォーマルな響きがあります。例えば、ミーティング中にメンバーが、Can I make a suggestion?（提案してもいいですか？）と聞いたときに、By all means.（もちろんです）のように返事をすることができます。

2 You bet.

You bet. は、それにお金を賭けてもいいくらい確信度が高いことから、「間違いない」「問題ない」ことを表し、何かを依頼されたり、誘われたり、許可を求められりしたときには、「もちろん」という返事に使われます。Of course. の代わりに使える口語的な言い方です。また、お礼を言われたときに「どういたしまして」の意味で You're welcome. の代わりに使うこともできます。カジュアルでフレンドリーな響きがありますが、目上の人に対しても使っても失礼にはなりません。

084

blow it

track 167 英))) 日

□□□
1 I blew it. I accidentally told her about the surprise party.

□□□
2 I blew my job interview today.

準備してきたことやチャンスを台無しにするような状況で使われることが多く、仕事の面接でしくじったり、デートで失敗したり、またはスポーツの試合で大差で勝っていたのに負けてしまったり、といった状況で使われます。I blew it.（失敗した、チャンスを逃した）という言い方をよくしますが、itの部分を具体的な内容に置き換えることもできます。

失敗する、しくじる

track 168 日 英

□□□
1 失敗した。彼女にサプライズパーティーのことをうっかり言っちゃったよ。

□□□
2 今日は仕事の面接でしくじっちゃったよ。

1. 最初にI blew it.と言ってから、何があったのかを続けて話すのがよくあるパターン。accidentallyは「誤って、うっかり」という意味の副詞です。
2. I blew ~.（～のチャンスをふいにした）のように、具体的に言うこともできます。

「失敗」を表す表現

1 drop the ball

直訳すると「ボールを落とす」になりますが、日常会話では「失敗をする」「ヘマをする」という意味で使われる話し言葉です。アメリカンフットボールや野球でボールを落とすと失点につながるミスとなることに由来します。自分の不注意でミスを犯したり、自分の責任を果たすことができないなどの意味合いがあり、特に肝心な場で失敗するニュアンスが含まれます。He dropped the ball.は「彼は大事な場面でミスをした」という意味です。

2 in hot water

苦境に陥っていることを表す、in troubleのより口語的な表現です。特に、仕事で大きな失敗をして困ったことになったり、失言が原因で瀬戸際に追い詰められたりなど、自ら招いた苦境について使います。「彼は上司とトラブルになっている」はHe is in hot water with his boss.、「彼女は不適切な発言のせいで大変なことになっている」はShe is in hot water for/over her inappropriate remark.のように、トラブルの相手はwith、トラブルの原因はforやoverで表します。

085

butterflies in one's stomach

track 169 英 日

1 I have butterflies in my stomach.

2 I'm shy around strangers. I get butterflies every time I meet someone new.

Key Point

胃の中で蝶が羽ばたいているように思えるほど「落ち着かない」「とても緊張している」ことを表します。人前でパフォーマンスやスピーチ、プレゼンをするときなど、何か重大なことを行う前のドキドキ・そわそわする感じを言います。 日常会話では、in one's stomach を省いた butterflies だけで「緊張」を表すこともよくあります。

とても緊張する

track 170 日 英

1 私はとても緊張しています。

2 私は人見知りです。初対面の人に会うたびにすごく緊張します。

1. この場合、butterflies は必ず複数形で使います。
2. この around は「～のそばで」「～と一緒にいて」という意味で、shy around strangers は「知らない人と一緒だと引っ込み思案だ」つまり「人見知りだ」ということです。

体の部位を使った表現

1 all in one's head

直訳すると「全てその人の頭の中」となるこの表現は、「気のせい」という意味で、根拠のないことにとらわれたり思い違いをしている状態を表し、特にネガティブな妄想を抱いている人に対して多く使われます。例えば、会社の同僚たちが自分の悪口を言っていると思い込んでいる友人に、It's all in your head.（気のせいだよ）のように言います。

2 get ~ off one's chest

直訳すると「胸から～を取り除く」となるこの表現は、悩み事や心配事、秘密にしてきたことなど、心の重荷となっているものを誰かに打ち明けて気持ちをスッキリさせることを意味します。例えば、何かに悩んでいる友達に「どうしたの？話してスッキリした方がいいよ」と伝える場合は、What's wrong? You should get it off your chest. のように表現します。

3 have (a) thick skin

直訳すると「厚い皮膚を持っている」ですが、これは自分への批判や悪口を気にしないことを示す表現です。もともとは批判などに対して「鈍感である」というネガティブなニュアンスでしたが、今は「打たれ強い」というポジティブな意味でも使われます。have a thick skin と have thick skin の両方が使われ、どちらで表現しても意味は同じです。

086

catch ~ off guard

track 171 英 日

□□□
1 That news caught me off guard.

□□□
2 When she told me she was moving to New York, she really caught me off guard.

直訳すると「油断している人をつかまえる」となることから、誰かを「驚かせる」「不意を突く」の意味でよく使われるフレーズです。 surprise のより口語的な言い方です。特に、予想もしていなかった出来事が突然起こって驚いたり、心の準備ができていない状態で何かを質問されたり言われたりして不意を突かれるような状況でよく使われます。

①～を驚かせる

②～の不意を突く

track 172 日 英

□□□
1 あのニュースには驚きました。

□□□
2 彼女がニューヨークへ引っ越すと言ったとき、私は本当に驚きました。

1. news は語尾にsがついていますが単数扱いなので、these ではなく that と組み合わせます。
2. catch ~ off guard は、物事を主語にしても、人を主語にしても使うことができます。

驚きに関する表現

1 come as a surprise

直訳すると「驚きとしてやって来る」となるこの表現は、出来事が予想外で驚きを感じたときに使われます。例えば、思いがけない昇進を、The promotion came as a surprise.（この昇進には驚かされました）と表現できます。驚きの気持ちを強調したい場合は、come as a big surprise や come as a shock などと表現します。

2 wow

驚きや喜びを表すときに使われる感嘆詞の wow を動詞で使って、人を「感動させる」「驚かせる」ことを意味します。例えば、友達がサプライズパーティーを開いてくれて感激したら、My friend wowed me with a surprise party. と言うことができます。

3 be taken aback

特に、誰かの発言や行動にショックを受けて引いてしまうような意味合いを持ちます。例えば、知り合いの失礼な発言に対して「驚いたよ」と言いたいときは I was taken aback. と言います。具体的に「彼の失礼な発言に驚いた」は、I was taken aback by his rude remarks. と表し、by の後に驚きの対象を入れます。この表現は、悪い意味に限らず、良い意味の驚きにも使えます。

087

cut corners

track 173 英 日

1 Don't cut corners. Take your time and do good work.

2 He's always trying to find ways to cut corners.

最短ルートをとるために角を曲がらずに斜めに突っ切る行為を表しており、「近道をする」「無駄を省く」「手順を端折る」などの意味でよく使われます。しかし、楽な手段を取ることで品質が落ちる結果につながりかねないことから、「横着する」「手を抜く」というネガティブなニュアンスがあります。類似表現に take a shortcut（近道をする、手っ取り早い方法を取る）があります。

手を抜く

track 174 日 英

□□□
1 手を抜かないように。時間をかけて、いい仕事をしてください。

□□□
2 彼はいつも楽な方法を探そうとしています。

1. take one's time は、何かをするのに「時間をかける」という意味です。
2. always ~ing には「～してばかりいる」というニュアンスがあります。

cutを使った表現

1 cut ~ some slack
slack は「(ロープなどを) 緩める」を意味することから、「人に対する規制を緩める」→「大目に見てやる」のように考えると分かりやすいでしょう。例えば、ミスばかりしている新入社員に対してイライラしている同僚に、「新入社員なんだから大目に見てあげなよ」と言う場合は He just started working here. Cut him some slack. のように表現することができます。

2 cut it close
限界ギリギリの行動をしたり、時間的にギリギリで余裕がないことを意味する日常フレーズです。You are cutting it close. は、仕事を締め切りギリギリで終わらせたり、期限ギリギリで物事に着手する相手に対してよく使われる言い回しです。一般的に現在進行形で使われます。

3 cut back on ~
「～の量を減らす」という意味で、お酒やタバコの量を減らしたり (cut back on drinking/smoking)、塩分を控えたり (cut back on salt)、勤務時間を減らしたり (cut back on work hours)、または経費を削減したり (cut back on expenses) といった場面でよく使われます。cut down on ~ でも同じ意味になります。

088

do one's homework

track 175 英 日

□□□ 1 He came well prepared for the meeting. He did his homework.

□□□ 2 It's always a good idea to do your homework before you travel.

homeworkには「宿題」の他に「予習」や「下調べ」といった意味もあり、do one's homeworkは事前に必要な情報を収集して「下調べをする」という意味でも使われます。仕事の面接前に企業研究をしたり、海外旅行や留学の前に現地について調べたり、クライアントとの打ち合わせ前に必要な情報を集めたりなど、日常生活でもビジネスの状況でもよく使われます。

下調べをする

track 176 日 英

1 彼は準備万端でミーティングに来ました。下調べを済ませています。

2 旅行前に下調べをしておくことは、いつだって得策です。

1. **well prepared for ~ で「～の準備を万端にして」という意味です。**
2. **It's always a good idea to ~ は「～することはいつでもいい考えだ」「～しておけば間違いない」という意味の表現です。**

「準備」に関する表現

1 in the works

「計画中」「準備中」「進行中」のいずれかを意味し、何かに取り組んでいる最中であることを表します。~ is in the works（～はただ今計画中 / 準備中 / 進行中です）のように使います。ビジネスシーンでよく耳にするフレーズです。

2 gear up for ~

「～に向けてギアを上げる」ことから、日常表現では何かに向けて「準備をする」という意味で使われます。例えば、「旅行の準備をしています」は I'm gearing up for my trip.、「クリスマスシーズンに向けて、多くの店が準備を進めています」は Many shops are gearing up for the Christmas season. と表現します。

3 good to go

「準備OK」や「準備万端」を意味する日常表現です。出発の準備ができたかと聞かれて I'm good to go.（準備できたよ）と言ったり、手続きが完了したお客に You're good to go.（準備が完了しました）と言ったりします。心の準備について使うこともでき、例えば、プレゼン前に同僚から Are you ready?（準備はいいかい？）と聞かれたときに、Yeah, I'm good to go.（ああ、準備OKさ）のように答えることができます。

089

give ~ the cold shoulder

track 177 英 日

□□□ 1 Why is she giving you the cold shoulder?

□□□ 2 Is it just me or has he been giving me the cold shoulder lately?

直訳すると「〜に冷たい肩を与える」。語源は明確ではありませんが、一説として、歓迎されていない客人に温かい食事ではなく冷たい羊の肩肉を提供したことから生まれたと言われています。相手に肩を向けて無視している姿をイメージすると覚えやすいでしょう。動詞 give を使ったこのフレーズの他、get the cold shoulder（冷遇を受ける、無視される）というイディオムも使われます。

①〜に冷たくする
②〜を無視する

track 178 日 英

□□□
1 なんで彼女はあなたを無視しているの？

□□□
2 気のせいかもしれないけど、最近彼は私を無視してない？

1. 冷たくされる人がyouやmeのような代名詞のときはこの語順ですが、give the cold shoulder to ~ の形で〜に具体的な語句を入れることができます。

2. Is it just me? は「そう感じているのは私だけ？」「私の気のせい？」という意味の表現で、Is it just me or ~? として「〜なのは気のせいかな」「気のせいかもしれないけど〜」と、自分の感じていることを確認する表現になります。

体の部位を使った表現：heart

1 take ~ to heart

人のアドバイスを真剣に受け止めたり（take ~'s advice to heart）、批判を重く受け止めたり（take ~'s criticism to heart）など、良い意味でも悪い意味でも物事を真剣に受け止めることを表し、take ~ seriouslyと似た意味合いがあります。例えば、友達が誰かから批判されて落ち込んでいたら、Don't take what he said to heart.（彼の言ったことは真剣に受け止めない方が良いよ）のように励ましの言葉をかけるといいでしょう。

2 break ~'s heart

直訳で「〜の心を打ち砕く」となるこの表現は、人を失望させたり、心を傷つけたりすることを意味します。この表現は恋愛シーンで「振られて失恋する」ことを表してよく使われます。「彼女は（彼を振って）彼を傷つけました」は She broke his heart. のように表します。振る側は heartbreaker と言います。

090

have a soft spot for ~

track 179 英 日

□□□
1 I have a soft spot for Japanese cream puffs.

□□□
2 I think dogs are cute, but I've always had a soft spot for cats.

Key Point

soft spot は「弱点」を意味し、このフレーズを直訳すると「～に対して弱い」という意味になりますが、日本語の「甘いものに弱い」や「かわいい子に弱い」などと同じように、「弱い＝大好物」の意味で使われる表現です。理由はよく分からないがどうしても嫌いになれない、厳しくできないといったニュアンスが含まれます。好きな人や動物、または食べ物について使うことが多い表現です。

～が大好きだ、～に目がない

track 180 日 英

1 私は日本のシュークリームに目がないんです。

2 犬もかわいいとは思いますが、私は昔から猫が大好きなんです。

1. 「シュークリーム」は、英語では一般的に cream puff と呼ばれます。
2. always は「いつも」という意味の他に、特に完了形の文で「前々からずっと」という意味で使われることがあります。

「好きなもの」「人気なもの」を表すbig

1 I'm big on ~

be big on ~ は、食べ物や音楽などが「大好き」だったり、歴史や芸術などにとても「興味がある」「関心がある」ことを意味し、loveの代わりに使える日常表現です。反対に「～は好きではない」は I'm not big on ~、「～はあまり好きでない」は I'm not that big on ~ と表現します。

2 big thing

直訳すると「大きなもの」ですが、日常会話では「とても人気なもの」「大流行しているもの」の意味でよく使われる表現です。また、次に来る大ブームや次なる目玉を the next big thing のように表現し、I think VR is going to be the next big thing.（次のブームはバーチャルリアリティーだと思います）のように使います。

091

hole in the wall

track 181 英 日

□□□ 1 I came across this little hole in the wall by my house yesterday.

□□□ 2 You might not believe it, but that hole in the wall there serves the best ramen.

直訳は「壁に開いた穴」。お店の外観や内観は決してきれいとは言えないけれど、おいしい料理や本格的な料理を提供してくれるお店を表します。まさに、壁に穴が空いていてもおかしくないような雰囲気のお店です。アメリカでは基本、レストランやバーなどに対して使われますが、オフィスやアパートなどが「見つけにくくて狭苦しい」という場合に使うことも。なお、イギリスでは、壁に設置したATMのことをこう言います。

見た目は地味でもおいしいお店

track 182 日 英

□□□
1 昨日、家の近くに穴場レストランを発見しました。

□□□
2 信じられないかもしれないけど、あそこのちょっと汚い感じのお店で最高のラーメンが食べられるよ。

1. **come across ~ は「～に遭遇する、～を偶然見つける」という意味の表現。this は記憶の中にあるものの話をするときに a / an の代わりに使われます。**
2. **serve は、飲食店が「～を出す」「～を食べさせてくれる」という意味で使われます。**

「穴場」を表す英語フレーズ

1 hidden gem

直訳で「隠れた宝石」となるこの表現は、あまり知られていないお店やレストラン、限られた人しか知らない絶景スポットなどを表し、「隠れ家」や「穴場」を意味します。例えば、東京の街を散策中に脇道に入って雰囲気の良いカフェを見つけたときに、This cafe is a hidden gem.（このカフェは穴場だね）と言うことができます。

2 tucked away in ~

tuck は「押し込む」や「しまい込む」を意味しますが、日常会話では「～に隠されている」の意味合いとしてもよく使われます。特に、あまり多くの人に知られていない隠れた絶景や穴場を説明するときに使われ、in の後にはそれがある場所を入れます。例えば、「自宅近所にあまり知られていないすてきな公園がある」は There is a beautiful park tucked away in my neighborhood.、「東京には素晴らしい隠れ家的なレストランがたくさんある」は There are many amazing restaurants tucked away in Tokyo. という具合に表現します。

092

in good hands

track 183 英 日

□□□ 1 That is a reliable travel agency. You're in good hands.

□□□ 2 Don't worry. Your dog is in good hands. She's an experienced dog trainer.

in good hands は、「しっかりした人の手にある＝信頼できる人に任されている」ことから「安心できる」「大丈夫だ」と太鼓判を押すフレーズです。大事な物を優しく両手でそっと包み込んで守るようなイメージがあります。You're in good hands. は「（あなたがお世話になる相手は信頼できるから）大丈夫だよ」と不安や緊張を取り除いてあげる表現です。

安心して大丈夫、信頼できるよ

track 184 日 英

□□□
1 あそこは信頼できる旅行代理店なので安心してください。

□□□
2 心配しないで。あなたの犬は大丈夫。彼女は経験豊富なドッグトレーナーだから。

1. **reliable は「頼りになる、信頼できる」という意味です。**

2. **experienced は「経験豊富な、熟練した」という意味。このように、in good hands は、安心できる根拠とセットで用いられることがよくあります。**

体の部位を使った表現：hand

1　on hand

直訳で「手の上に」となるこの表現は、自分の手の届く所や自分のそばに何かがあることを表します。例えば、「手元にノートがある」は I have a notebook on hand.、「手元に現金がない」は I don't have any cash on hand. と言います。物理的なことに限らず、必要な情報が手元にあったり、看護師や秘書など自分をサポートしてくれる人が居合わせるような状況でも使えます。

2　out of hand

あまりにも忙しくて手が回らなかったり、収拾がつかなくなったりなど、物事がコントロールできない状態を言います。be out of hand（～が手に負えない）と get out of hand（～が手に負えなくなる）の二つのパターンで使われることが多く、例えば、「この状況は手に負えません」は This situation is out of hand.、「この状況は手に負えなくなってきました」は This situation is getting out of hand. と言います。

093

meet ~ halfway

track 185 英 日

□□□
1 Let's meet each other halfway.

□□□
2 I spoke with him, but he wouldn't meet me halfway.

直訳すると「～と中間で会う」となるこの表現は、意見や考え方が対立したときに使われ、特に交渉の場に置いて「妥協する」ことを意味する表現です。日本語の「歩み寄る」に相当し、自分の意見や考えを押し通さず、譲歩する意味合いが込められています。

①～に歩み寄る
②～と妥協する

track 186 日 英

□□□

1 お互いに折り合いましょう。

□□□

2 彼と話しましたが、歩み寄ってくれませんでした。

1. meet ~ halfway は、基本的に両者ともに歩み寄る状況を言い、each other と組み合わせてよく使われます。

2. wouldn't ~ は「～しようとしない」と、意志が固いことを表します。

middle を使った表現

1 middle ground

直訳すると「中間の地」ですが、意見が一致しない二者の「妥協点」を意味する表現です。「妥協点を見いだす」は find/reach a middle ground もしくは come to a middle groundと表現するのが一般的です。例えば、「妥協点を見つけ出さなければなりません」なら We need to find a middle ground. のように言います。

2 in the middle of ~

「～の真ん中に」という意味で、We are in the middle of the train station.（駅の真ん中にいます）のように空間的な意味で使うこともできれば、in the middle of the night（真夜中に）のような時間的な意味、また、in the middle of a meeting（ミーティングの真っ最中に）のように行動のただ中という意味で使うこともできます。

094

no-brainer

□□□ 1 That's a no-brainer. If I were you, I'd take that job offer in a heartbeat.

□□□ 2 The decision to move to Australia was a no-brainer for me.

Key Point

この表現は、脳みそを使って考える必要がないほど何かが簡単であることを表し、「考えるまでもない」や「当然」を意味します。It's/That's a no-brainer.（そんなの考えるまでもない）はよく使われるフレーズで、瞬時に決断や判断ができることを言います。その他、「頭を使わなくていい仕事」を a no-brainer job/task と言います。

考えるまでもない

track 188 日 英

□□□
1 考えるまでもないよ。私だったら、すぐにその仕事のオファーを引き受けるね。

□□□
2 私は何のためらいもなくオーストラリアへの移住を決断しました。

1. in a heartbeat は直訳すると「鼓動1回のうちに」で、「即座に、すぐに」を意味します。

2. 「移住することは考えるまでもないことだった」つまり「何のためらいもなく移住した」ということです。

「言うまでもない」を意味する表現

1　It goes without saying that ~

説明しなくても明らかなことや一般常識となっていることに対して使われます。例えば、「喫煙が健康によくないことは言うまでもない」 は、It goes without saying that smoking is bad for your health. のように表します。that を省いて It goes without saying ~ とすることもよくあります。

2　not to mention ~

説明する対象を強調する情報や特徴づける重要な情報を最後に追加するのに使われます。例えば、「LAには美しいビーチとおいしい食べ物があり、素晴らしい気候は言うまでもない」は L.A. offers beautiful beaches and delicious food, not to mention the beautiful weather. のように表現します。

3　let alone

「～は言うまでもなく」「まして～なんて」を意味する表現。肯定文でも使われますが、否定文で用いられることが多く、「どのくらい日本語が読めるの?」と聞かれた外国出身者が、I can't read hiragana, let alone kanji. (私は漢字はおろか、ひらがなさえ読めません) と答えたりするような場面で使われます。

095

off the top of one's head

track 189 英 日

□□□
1 A: Do you remember the name of that restaurant?
B: Not off the top of my head.

□□□
2 I don't know the exact date off the top of my head, but it's sometime in early September.

直訳で「頭のてっぺんからパッと出る」となるこの表現は、深く考えることなくアイデアや回答が「パッと浮かぶ」ことを意味します。逆に、質問の答えやアイデアがすぐに思い浮かばない状況ではI don't know it off the top of my head.（すぐには出てきません）のように使います。

（アイデアや回答が）パッと浮かんで

track 190 日 英

□□□
1 A：あのお店の名前、覚えてる？
B：パッとは出てこないな。

□□□
2 具体的な日付はパッと分かりませんが、9月初旬ごろです。

1. ここでの Not は I don't remember を省略したものです。
2. early と月の名前を組み合わせて「～月初旬」を指します。ちなみに、「～月中旬」は mid-~、「～月下旬」は late ~ と言います。

体の部位を使った表現：ear

1 talk ~'s ear off

この表現は、相手のことなどお構いなしに、一方的にしゃべり続けることを意味します。聞き手側に口を挟む余地をほとんど与えず、相手がうんざりするほどしゃべりまくるニュアンスがあり、次から次に途切れることなくマシンガントークをするような人を指します。例えば、「私の叔父は一方的にしゃべり続けました」は My uncle talked my ear off. のように表現します。

2 cover one's ears

「耳をふさぐ」を意味するフレーズで、大きく分けて二つの状況で使われます。一つ目は、アラームや火災報知器などの音があまりにもうるさくて、両手で実際に耳をふさぐとき。二つ目は、嫌なニュースや聞きたくない話などに対して耳をふさぐことを表し、「～に耳を傾けない」や「～を無視する」を意味します。二番目の意味を表すフレーズには他にも、close one's ears や shut one's ears などがあります。

096

on a whim

track 191 英 日

□□□ 1 He quit his job on a whim and now he regrets it.

□□□ 2 I decided to take a trip to Thailand on a whim this weekend.

ふと思いついて行動に出たり、その場の勢いで決断を下すようなときにこの表現が使われます。物事を深く考えずそのときの気分で行動を起こすことを意味し、I bought a tablet on a whim.（思いつきでタブレットを買った）、I went to Hawaii on a whim.（気まぐれでハワイに行った）のように、on a whim の前に思いつきでやったことが入ります。

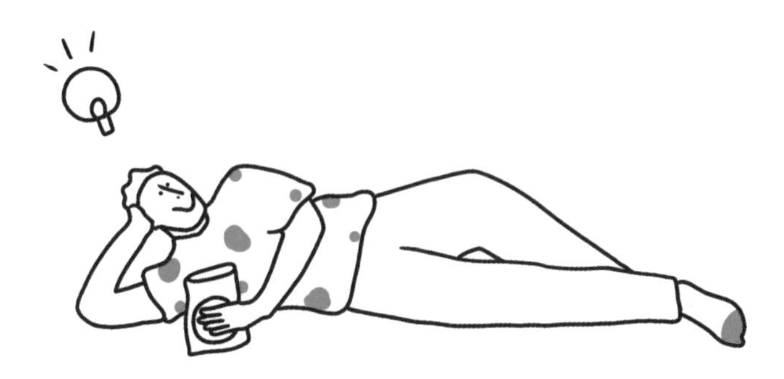

気まぐれに、思いつきで

track 192 日 → 英

□□□
1 彼は勢いで仕事をやめてしまい、今は後悔しています。

□□□
2 ふと思いついて、今週末、タイ旅行に行くことにしました。

1. この quit は過去形であることに注意しましょう。quit は原形、過去形、過去分詞ともに同形です。
2. 「旅行する」を意味する英語はいくつかありますが、take a trip は比較的気軽な短い旅をすることを言います。

決意・約束を表すフレーズ

1 There's no going back.

There is / There's no going back. は「もう後戻りはできない」を意味する表現です。一度何かを決断したり行動に移したりして、引き返すことができない状況で使われます。会社に退職届を出す、大学を休学して世界旅行を計画するなど、良い意味でも悪い意味でも、一度決めたことは最後までやり通すニュアンスが含まれます。日常会話では、There is を省いて、No going back. と言うこともあります。

2 give/keep one's word

直訳で「言葉を守る」となる keep one's word は、重要な約束事によく使われます。自分自身が約束を守ると言いたい場合は I'll keep my word.、相手に「約束を守るように」と言いたい場合は Make sure you keep your word. のように言います。give one's word も「約束をする」の意味として使われる表現ですが、さらに重要な約束事に対して用いられる傾向があり、日本語の「保証する」や「誓う」などに相当します。自分が約束をする場合は I'll give you my word、相手に「約束してください」という場合は Give me your word. と言います。

097

right up one's alley

□□□ **1** I love the vibe at this restaurant. It's right up my alley.

□□□ **2** You should talk to Megan about online marketing. That's right up her alley.

直訳が「その人の裏通りを入ったところ」となるこの表現は、「その人が精通している道」を指し、「その人の関心・好みに合っている」「その人の得意分野である」という意味で使われます。Teaching grammar is right up my alley. などと具体的に言ってもOKですが、日常会話では It's/That's right up one's alley. のフレーズがよく使われます。

①好みに合っている
②うってつけの、得意分野で

track 194 日 英

□□□
1 このレストランの雰囲気が好きだ。私の好みにぴったりだ。

□□□
2 オンラインマーケティングについてメーガンに相談するといい。彼女の得意分野だよ。

1. vibration（振動）を略した vibe は「伝わってくる感じ、雰囲気」という意味の口語です。
2. 「～に話しかける」を意味する talk to ~ は、聞きたいことや頼みたいことがあって「相談する」というときにも使います。

rightを使ったイディオム

1 right out of the gate

競馬で馬がゲートを出て走り始めたところから転じて、「初っ端から」や「始めてすぐに」を表します。We faced tremendous challenges right out of the gate.（開始早々、とてつもない困難に直面しました）のように使います。right out of ~ には「～から直接」の意味もあり、He drank the wine right out of the bottle. は「彼はワインをボトルから直接飲んだ」つまり「ラッパ飲みした」ということです。

2 right under one's nose

直訳で「鼻のすぐ下」となるこの表現は、日本語の「目と鼻の先」に当たるフレーズです。何かがすぐ目の前にあったり、すぐ近くにあることを意味します。探していた物が実はすぐ目の前にあった場合に It was right under my nose. と表現し、本来であれば気づくべきことを見逃してしまっている「灯台下暗し」のような状況で使われます。

098

rub ~ the wrong way

track 195 英 日

□□□ 1 I'm sorry if I rubbed you the wrong way.

□□□ 2 The way he talked rubbed me the wrong way.

直訳で「人を間違った方向になでる」となるこの表現は、発言や行動、態度などが相手をイライラさせたり、不愉快にさせたりすることを意味します。ポイントは、本人にとっては悪意のない無意識の言動が、意図せず相手をいら立たせてしまうことです。この表現は、猫をなでるときに頭からしっぽの方向になでると喜び、反対にしっぽから頭の方向になでられると嫌がることが由来と言われています。

～(人)をいら立たせる、神経を逆なでする

track 196 日 英

□□□
1 もしあなたの気に障ったのなら、ごめんなさい。

□□□
2 彼の話し方は私をイラッとさせました。

1. I'm sorry if ~ は「～だったらすみません」と、自分には悪気はなかったけれど相手にとって不快だったかもしれないことを謝る表現です。
2. 「the way＋人＋動詞」で「人の～の仕方」を表します。

「～をイライラさせる」の表現いろいろ

1 get to ~
誰かの失礼な言動にイライラしたり、悪口や嫌味を言われてムカついた結果、そのことが頭から離れず、他のことに集中できなくなるニュアンスがあります。The noise is getting to me.（あの音、イライラする）のように、人の言動以外にもさまざまな原因について使います。

2 bug
邪魔をしたり口うるさくしたりしてイライラさせることを表します。bugは虫を意味し、ブンブン飛び回るハエが人をイライラさせる様子をイメージすると覚えやすいでしょう。例えば、「邪魔しないで」はStop bugging me.、「邪魔して申し訳ないのですが～」はI'm sorry to bug you but ~ のように表します。

3 get under ~'s skin
直訳すると「～の皮膚の下に入り込む」となるこの表現は、人の言い方や態度、仕草などが妙にしゃくに障ったり、腹が立ったりすることを言います。「彼にはすごくイライラします」はHe gets under my skin. のように表現します。

099

through thick and thin

track 197 英 日

1 His wife stood by him through thick and thin.

2 He is a diehard Tigers fan. He has supported them through thick and thin.

「良いときも悪いときも」「楽なときもつらいときも」を意味し、どんなことがあってもそばにいてくれる仲間や友人、家族や大切な人に対して使われる表現です。特に過去の出来事を振り返ったり、仲間との絆について話したりするようなときに使われます。この表現は、森に入って狩猟を行う様子に由来し、thick は草木が生い茂って通りにくい場所を、thin は草木があまり生えていない歩きやすい場所を指します。

良いときも悪いときも

track 198 日))) 英

□□□
1 彼の妻は良いときも悪いときも彼を支えた。

□□□
2 彼は熱狂的なタイガースファンです。どんなときもずっとタイガースを応援してきました。

1. stand by ~ で「～のそばにいる」「～の近くで支えになる」という意味です。
2. diehard は「なかなか死なない」ことから「頑強な」「何があっても屈しない」様子を表す形容詞。diehard fan で「熱烈なファン」「筋金入りのファン」といった意味になります。

形容詞を組み合わせた熟語

1 safe and sound

sound は「健康な」を意味し、safe and sound は「無事で」と言う状態を表します。住んでいる場所で地震があって家族や友人に「無事だよ」と伝えるときは I'm safe and sound. と言います。また、目的地に無事到着したことを伝える状況で使われることも多く、例えば、「無事ロスに到着したよ」と親に連絡をする場合は、I arrived in L.A. safe and sound. と表現します。

2 bright and early

bright は「(日が出て)明るい」、early は「早く」を意味することから、bright and early は「朝早く」や「早朝」を表す口語表現です。「朝早く起きる」は get up bright and early、「朝早くに到着する」は arrive bright and early のように表し、very early の代わりに使うことができます。

3 highs and lows

「高い場所と低い場所」から、「(運の) 上がっているときと下がっているとき」「良いときと悪いとき」を意味します。I've been through many highs and lows in my career. (私はキャリアで多くの浮き沈みを経験してきました) のように使います。

100

tie the knot

track 199 英 日

□□□ 1 **He tied the knot with his high school sweetheart.**

□□□ 2 **I have a feeling Lucy and Kenny are going to tie the knot this year.**

直訳で「結び目を作る」となるこの表現は、カップルが「結ばれる」こと、要するに「結婚する」ことを意味します。日本語の「縁結び」と似たような表現ですね。Sean and Megan tied the knot.（ショーンとメーガンは結婚しました）、They are tying the knot this year.（彼らは今年結婚します）のように、get married の代わりに使える表現です。

結婚する

track 200 日 英

□□□
1 彼は高校時代の恋人と結婚しました。

□□□
2 ルーシーとケニーは今年結婚するような気がする。

1. **sweetheartは「恋人」を指し、high school sweetheart は「高校時代に付き合っていた相手」のことを言います。**
2. **have a feeling (that) ~ は「～な気がする」「～な予感がする」と、なんとなく感じることを言う表現です。**

「付き合う」を意味する表現

1 be together

「一緒にいる」から転じて、「付き合っている」ことを意味します。少し硬い表現である be in a relationship（交際している）と意味は同じですが、より口語的な言い方です。「ヒロとリサは付き合っています」は Hiro and Lisa are together. と言いますが、（×）Hiro is together with Lisa. のように言わないので気をつけましょう。be together は付き合っている期間を表すときによく使われ、「私たちは2年付き合っています」は We've been together for two years. と言います。ちなみに、「よりを戻す」は get back together と言います。

2 date / go out with ~ / see

「付き合っている」は date や go out with ~、see を使って表現することもできます。date は付き合って間もない様子、go out with ~ は高校生や大学生が週末などにどこかに出かける付き合い、see は大人になってからの恋愛、といったニュアンスがあります。

101

work one's tail off

track 201 英 日

1 He worked his tail off and became a successful lawyer.

2 She's been working her tail off to improve her English.

休む間もなく必死に働くことを表すフレーズです。アメリカ人同士の日常会話では、tail（しっぽ）をbutt/ass（お尻）に置き換えて言うこともよくありますが、assはちょっと下品な響きがあるので、work one's ass off は、よほど仲のいい人以外には使わない方がいいでしょう。

全力で取り組む

track 202 日 → 英

□□□
1 彼は一生懸命働いて、弁護士として成功した。

□□□
2 彼女は英語を上達させるために一生懸命頑張っている。

1. lawyer（弁護士）はスペルに y が入ることに注意しましょう。
2. She is working her tail off なら「今頑張っている」ですが、She's been working～とすることで「前々から頑張っている」というニュアンスになります。

「隠す」を表すフレーズ

1 cover up ~
見られたくない物や知られたくないことを「隠す」ことを意味します。一般的に二つの状況で使われます。一つ目は物理的に、シミがついたソファに毛布をかけて隠す（cover up the stain with a blanket）、化粧でニキビを隠す（cover up the pimple with makeup）ような状況で使われます。二つ目は、失敗や問題を「隠蔽する」という意味で、例えば、仕事で大きな失敗をしてしまった同僚がミスを隠そうとした場合、He tried to cover up his mistakes. と言います。cover ~ up のように2語に分けて、He tried to cover his mistakes up. のように表現することもできます。

2 sweep ~ under the rug
直訳で「じゅうたんの下に掃く」となるこの表現は、部屋の中でゴミやほこりを拾って片づける代わりにほうきでじゅうたんの下に押し込む行為から派生した口語表現で、問題や不都合な出来事を「隠して知らんぷりする」といったニュアンスがあります。例えば、「彼は問題を隠した」は He swept his problems under the rug.、「失敗を隠してはいけません」と注意をする場合は Don't sweep your mistakes under the rug. という具合に表現します。rug の代わりに carpet を使って sweep ~ under the carpet とすることもあります。

Let's try!

Exercises 4

日本語訳に合うように空欄に適切な語を入れて英文を完成させましょう。

1. 私たちは同じ境遇なんだから、お互いに助け合った方がいいよ。
Since we're in the same b______ , we should help each other out.

2. まだ決めていません。まだ迷っています。
I haven't decided yet. I'm still on the f______ about it.

3. スピーチコンテストで優勝したときは、天にも昇る心地でした。
I was over the m______ when I won the speech contest.

4. 今日は仕事の面接でしくじっちゃったよ。
I b______ my job interview today.

5. 私はとても緊張しています。
I have b______ in my stomach.

6. 彼女がニューヨークへ引っ越すと言ったとき、私は本当に驚きました。
When she told me she was moving to New York, she really c______ me off guard.

7. 彼はいつも楽な方法を探そうとしています。
He's always trying to find ways to cut c______ .

8. 旅行前に下調べをしておくことは、いつだって得策です。
It's always a good idea to do your h______ before you travel.

9. なんで彼女はあなたを無視しているの？
Why is she giving you the cold s______ ?

10. 私は日本のシュークリームに目がないんです。
I have a soft s______ for Japanese cream puffs.

11. 昨日、家の近くに穴場レストランを発見しました。

I came across this little h______ in the wall by my house yesterday.

12. あそこは信頼できる旅行代理店なので安心してください。

That is a reliable travel agency. You're in g______ hands.

13. お互いに折り合いましょう。

Let's meet each other h______ .

14. 考えるまでもないよ。私だったら、すぐにその仕事のオファーを引き受けるね。

That's a no-b______ . If I were you, I'd take that job offer in a heartbeat.

15. 具体的な日付はパッと分かりませんが、9月初旬ごろです。

I don't know the exact date off the top of my h______, but it's sometime in early September.

16. ふと思いついて、今週末、タイ旅行に行くことにしました。

I decided to take a trip to Thailand on a w______ this weekend.

17. このレストランの雰囲気が好きだ。私の好みにぴったりだ。

I love the vibe at this restaurant. It's right up my a______ .

18. もしあなたの気に障ったのなら、ごめんなさい。

I'm sorry if I r______ you the wrong way.

19. 彼の妻は良いときも悪いときも彼を支えた。

His wife stood by him through t______ and thin.

20. 彼は高校時代の恋人と結婚しました。

He t______ the knot with his high school sweetheart.

21. 彼は一生懸命働いて、弁護士として成功した。

He worked his t______ off and became a successful lawyer.

Answers 4 回答例

1. Since we're in the same boat, we should help each other out.
2. I haven't decided yet. I'm still on the fence about it.
3. I was over the moon when I won the speech contest.
4. I blew my job interview today.
5. I have butterflies in my stomach.
6. When she told me she was moving to New York, she really caught me off guard.
7. He's always trying to find ways to cut corners.
8. It's always a good idea to do your homework before you travel.
9. Why is she giving you the cold shoulder?
10. I have a soft spot for Japanese cream puffs.
11. I came across this little hole in the wall by my house yesterday.
12. That is a reliable travel agency. You're in good hands.
13. Let's meet each other halfway.
14. That's a no-brainer. If I were you, I'd take that job offer in a heartbeat.
15. I don't know the exact date off the top of my head, but it's sometime in early September.
16. I decided to take a trip to Thailand on a whim this weekend.
17. I love the vibe at this restaurant. It's right up my alley.
18. I'm sorry if I rubbed you the wrong way.
19. His wife stood by him through thick and thin.
20. He tied the knot with his high school sweetheart.
21. He worked his tail off and became a successful lawyer.

INDEX

101の見出し語は色字、それ以外の＋αの表現は黒字で示されています。
右にある数字はページ番号です。

A

B

C

I

O

P

R

S

T

U

W

Y

ジュン・セニサック
Jun Senesac

ロサンゼルス出身。母親が日本人、父親がアメリカ人のハーフ。
カリフォルニア大学サンタバーバラ校在学中、一橋大学での交換留学のために1年間日本に滞在。その後、国際交流員として石川県内灘町役場に赴任。2年間の勤務を経た後アメリカへ帰国。
2011年に英会話学校「BYB English Center」の姉妹校をアーバインに開校。2014年2月にスタートしたPodcast の配信数は、5000万ダウンロードを突破。
登録者50万人を超える人気YouTube チャンネル「Hapa英会話」など、さまざまなメディアを通して多彩な英語学習コンテンツを提供中。
著書に『Hip Talk LA』『Hapa英会話 ネイティブ感覚で話す英語フレーズ』(ともにDHC)『日常会話からSNS、ビジネスまで使える! リアル英語フレーズ』(ナツメ社)『ネイティブが毎日使ってる 万能英会話フレーズ101』(アルク)がある。

ネイティブ同士で使ってる 発展英会話フレーズ101

発行 2024年3月19日(初版)

著者 ジュン・セニサック Jun Senesac

デザイン……新井大輔、中島里夏(装幀新井)
DTP…………装幀新井
イラスト……オリハラケイコ

編集…………株式会社アルク 書籍編集部
編集協力…挙市玲子
校正…………Peter Branscombe、挙市玲子

ナレーション…Jun Senesac、Rachel Walzer、元井美貴
録音・編集…ELEC録音スタジオ

印刷・製本…シナノ印刷株式会社

発行者…………天野智之
発行所…………株式会社アルク
〒102-0073
東京都千代田区九段北4-2-6 市ヶ谷ビル
Website:https://www.alc.co.jp/

落丁本、乱丁本は弊社にてお取り替えいたしております。
Webお問い合わせフォームまでまでご相談ください。
https://www.alc.co.jp/inquiry/

地球人ネットワークを創る

アルクのシンボル
「地球人マーク」です。